하나님을 기쁘시게 하라

하나님을 기쁘시게 하라

2020년 3월 30일   제1판 1쇄 발행
지은이   노경호
펴낸이   김만홍
펴낸곳   도서출판 예지

인천광역시 계양구 계양문화로 168, 319-304호
전화   010-2393-9191
등록   2005. 5. 12. 제387-2005-00010호
ⓒ 노경호 2020
정가 7,000원
ISBN 978-89-93387-43-8 03230

공급처 : 하늘유통 031) 947-7777

하나님을 기쁘시게 하라

노경호

예지

목 차

제2부 예수 그리스도

서 문

하나님은 영이시지만 영이신 하나님께 감정이 있으시다.

하나님이 인간들로 인하여 기쁨을 이기지 못하신다는 표현이 성경에 기록되어 있다.

"너의 하나님 여호와가 너의 가운데에 계시니 그는 구원을 베푸실 전능자이시라 그가 너로 말미암아 기쁨을 이기지 못하시며 너를 잠잠히 사랑하시며 너로 말미암아 즐거이 부르며 기뻐하시리라 하리라"(습 3:17)

하나님께 감정이 있다는 사실은 그의 창조역사 속에 잘 나타나 있다.

그러므로 창세기 1장에는 "좋았더라"라는 단어가 여러 번 반복해서 기록되어 있다.

"빛이 하나님 보시기에 좋았더라, 하나님이 뭍을 땅이라 부르시고 모인 물을 바다라 부르시니 하나님이 보시기에 좋았더라, 땅이 풀과 각기 종류대로 씨 맺는 채소와 각기 종류대로 씨 가진 열매 맺는 나무를 내니 하나님이 보시기에 좋았더라, 낮과 밤을 주관하게 하시고 빛과 어둠을 나뉘게 하시니 하나님이 보시기에 좋았더라, 하나님이 큰 바다 짐승들과 물에서 번성하여 움직이는 모든 생물을 그 종류대로, 날개 있는 모든 새를 그 종류대로 창조하시니 하나님이 보시기에 좋았더라, 하나님이 땅의 짐승을 그 종류대로, 가축을 그 종류대로, 땅에 기는 모든 것을 그 종류대로 만드시니 하나님이 보시기에 좋았더라, 하나님이 지으신 그 모든 것을 보시니 보시기에 심히 좋았더라 저녁이 되고 아침이 되니 이는 여섯째 날이니라"(창 1:4, 10, 12, 18, 21, 25, 31)

하나님께 감정이 있으시기 때문에 인간이 하나님이 원하신 대로 살지 않고, 제멋대로 살아갈 때 하나님은 한탄하시고 근심하신다. 그러므로 우리가 하나님의 기분을 상해드리는 삶을 살지 않도록 유의해야 한다.

"여호와께서 사람의 죄악이 세상에 가득함과 그의 마음으로 생각하는 모든 계획이 항상 악할 뿐임을 보시고 땅 위에 사람 지으셨음을 한탄하사 마음에 근심하시고 이르시되 내가 창조한 사람을 내가 지면에서 쓸어버리되 사람으로부터 가축과 기는 것과 공중의 새까지 그리하리니 이는 내가 그것들을 지었음을 한탄함이니라 하시니라"(창 6:5-7)

하나님의 기분을 상하게 하면 우리에게 아무런 유익이 없다.
그리고 되는 일이 없다.
따라서 하나님의 자녀들은 마땅히 하나님이 기뻐하시는 삶을 살아야 한다. 이러한 삶은 인간의 힘으로는 불가능하고, 성령의 도우심으로만 가능하다. 예수님께서도 성령으로 기뻐하셨다.

"그 때에 예수께서 성령으로 기뻐하시며 이르시되 천지의 주재이신 아버지여 이것을 지혜롭고 슬기 있는 자들에게는 숨기시고 어린 아이들에게는 나타내심을 감사하나이다 옳소이다 이렇게 된 것이 아버지의 뜻이니이다"(눅 10:21)

성령은 희락의 영이시다.

성령의 열매 가운데 희락이 있다.

"오직 성령의 열매는 사랑과 희락과 화평과 오래 참음과 자비와 양선과 충성과 온유와 절제니 이같은 것을 금지할 법이 없느니라"(갈 5:22-23)

전능하신 하나님께서 우리 인간에게 기쁨을 주시기 때문에 다윗은 시편에서 이렇게 고백하였다.

"주께서 내 마음에 두신 기쁨은 그들의 곡식과 새 포도주가 풍성할 때보다 더하니이다"(시 4:7)

하나님은 정직한 자를 위하여 기쁨을 뿌리신다.

"의인을 위하여 빛을 뿌리고 마음이 정직한 자를 위하여 기쁨을 뿌리시는도다"(시 97:11)

하지만 구원받은 하나님의 자녀라도 죄를 짓고 회개하지 않는다면 기쁨이 사라질 수 있다. 그러므로 다윗은 우리아의 아내를 범한 후에 나단 선지자를 통한 하나님의 책망을 듣고 구원의 즐거움을 회복 시켜 달라고 기도하였다.

"주의 구원의 즐거움을 내게 회복시켜 주시고 자원하는 심령을 주사 나를 붙드소서"(시 51:12)

구원받은 성도는 성령의 능력으로 하나님을 기쁘시게 하는 삶을 살아갈 수 있다. 바울 사도는 에베소 교회 성도들에게 "하나님이 기뻐하시는 것이 무엇인지 시험하여 보라"라고 말하였다.

"주를 기쁘시게 할 것이 무엇인가 시험하여 보라"(엡 5:10)

그러므로 우리 하나님께서는 자신이 기뻐하시는 자에게 많은 축복을 약속하셨다.

"하나님은 그가 기뻐하시는 자에게는 지혜와 지식과 희락을 주시나 죄인에게는 노고를 주시고 그가 모아 쌓게 하사 하나님을 기뻐하는 자에게 그가 주게 하시지만 이것도 헛되어 바람을 잡는 것이로다"(전 2:26)

그러므로 하나님으로 인하여 기뻐하는 것이 우리의 힘이다.

"느헤미야가 또 그들에게 이르기를 너희는 가서 살진 것을 먹고 단 것을 마시되 준비하지 못한 자에게는 나누어 주라 이 날은 우리 주의 성일이니 근심하지 말라 여호와로 인하여 기뻐하는 것이 너희의 힘이니라 하고"(느 8:10)

우리는 하박국 3장 17절부터 19절에서 기가 막힌 상황에서도 기뻐하는 하박국의 노래를 들을 수 있다.

"비록 무화과나무가 무성하지 못하며 포도나무에 열매가 없으며 감람나무에 소출이 없으며 밭에 먹을 것이 없으며 우리에 양이 없으며 외양간에 소가 없을지라도 나는 여호와로 말미암아 즐거워하며 나의 구원의 하나님으로 말미암아 기뻐하리로다 주 여호와는 나의 힘이시라 나의 발을 사슴과 같게 하사 나를 나의 높은 곳으로 다니게 하시리로다 이 노래는 지휘하는 사람을 위하여 내 수금에 맞춘 것이니라"(합 3:17-19)

그러므로 우리는 하나님이 기뻐하시는 삶을 살아서
하나님께 영광을 돌려야 한다.

제1부 하나님을 기쁘시게 하라

1장 성경

예수님은 항상 성부께서 기뻐하시는 일을 행하셨다. 그러므로 예수님은 기쁨으로 아버지의 말씀인 성경을 실천했던 것이다.

"나를 보내신 이가 나와 함께 하시도다 나는 항상 그가 기뻐하시는 일을 행하므로 나를 혼자 두지 아니하셨느니라"(요 8:29)

하나님은 죄인이 예수 믿어 구원받고 말씀으로 성장하는 것을 기뻐하신다.

하나님은 성도가 하나님의 말씀 곧 성경을 실천할 때 기뻐하신다.

1. 성도는 성경을 알아야 한다.

디모데는 어려서부터 성경을 배웠다. 하나님을 아는 것은 그의 말씀을 아는 것이다.

"그러나 너는 배우고 확신한 일에 거하라 너는 네가 누구에게서 배운 것을 알며 또 어려서부터 성경을 알았나니 성경은 능히 너로 하여금 그리스도 예수 안에 있는 믿음으로 말미암아 구원에 이르는 지혜가 있게 하느니라"(딤후 1:14-15)

2. 모든 성경은 성령의 감동을 입은 사람들에 의해서 기록된 하나님의 말씀이다.

"모든 성경은 하나님의 감동으로 된 것으로 교훈과 책망과 바르게 함과 의로 교육하기에 유익하니 이는 하나님의 사람으로 온전하게 하며 모든 선한 일을 행할 능력을 갖추게 하려 함이라"(딤후 3:16-17)

"먼저 알 것은 성경의 모든 예언은 사사로이 풀 것이 아니니 예언은 언제든지 사람의 뜻으로 낸 것이 아니요 오직 성령의 감동하심을 받은 사람들이 하나님께 받아 말한 것임이라"(벧후 1:20-21)

3. 성경에 어떤 인간의 이론으로도 가감해서는 안 된다.

"내가 너희에게 명령하는 말을 너희는 가감하지 말고 내가 너희에게 내리는 너희 하나님 여호와의 명령을 지키라"(신 4:2)

"내가 너희에게 명령하는 이 모든 말을 너희는 지켜 행하고 그것에 가감하지 말지니라"(신 12:32)

"너는 그의 말씀에 더하지 말라 그가 너를 책망하시겠고 너는 거짓말하는 자가 될까 두려우니라"(잠 30:6)

"내가 이 두루마리의 예언의 말씀을 듣는 모든 사람에게 증언하노니 만일 누구든지 이것들 외에 더하면 하나님이 이 두루마리에 기록된 재앙들을 그에게 더하실 것이요 만일 누구든지 이 두루마리의 예언의 말씀에서 제하여 버리면 하나님이 이 두루마리에 기록된 생명나무와 및 거룩한 성에 참여함을 제하여 버리시리라"(계 22:18-19)

4. 하나님의 말씀인 성경에 대한 다양한 표현들이 있다.

하나님의 말씀은 ~과 같다고 하였다.

씨(눅 8:11)

검(히 4:12, 엡 6:17)

젖(벧전 2:2)

단단한 음식(히 5:13-14, 렘 15:16)

등, 빛(시 119:105)

물(엡 5:26)

비, 이슬(신 32:2)

꿀(시 19:10)

소금(민 18:19)

순금(시 19:10, 119:127)

영이며 생명(요 6:63)

불과 방망이(렘 23:29)

바울 사도는 예수를 아는 지식이 가장 고상한 지식이라고 하였다(빌 3:8).

5. 하나님의 말씀의 역할

죄인을 거듭나게 한다(벧전 1:23, 약 1:18, 요 3:5).

믿음이 자라게 한다(롬 10:17).

죄로부터 분리된 삶을 살 수 있도록 도와준다(시 119:9, 11, 133, 요일 3:9).

기도응답에 도움을 준다(요 15:7).

마귀의 시험을 물리치는 강력한 무기다(마 4:1-11, 엡 6:17).

우리의 걸음이 실족하지 않도록 도와준다(시 37:31).

큰 평안을 준다(시 119:165).

순종하는 자를 형통하게 하신다(수 1:8, 시 1:2-3).

말씀을 지키는 자에게 상을 준다(시 19:11).

믿는 자 속에서 역사하는 말씀이다(살전 2:13).

고난 중에 위로가 되는 말씀이다(시 119:50).

우둔한 자를 깨닫게 한다(시 119:130).

온 육체의 건강을 준다(출 15:26, 잠 4:22-23).

성도가 거룩한 삶을 살도록 도와준다(요 17:17).

자유를 준다(요 8:31-32, 36).

하나님의 말씀은 성도를 능히 든든히 세워준다(행 20:31-32).

하나님의 말씀은 사람의 마음을 기쁘게 하는 능력이 있다(시 19:8).

6. 하나님의 말씀은 영원한 말씀이다.

"풀은 마르고 꽃은 시드나 우리 하나님의 말씀은 영원히 서리라 하라"(사 40:8)

"천지는 없어질지언정 내 말은 없어지지 아니하리라"(마 24:35)

7. 베드로는 서신의 결론에서 예수를 아는 지식에서 자라가라고 하였다.

"오직 우리 주 곧 구주 예수 그리스도의 은혜와 그를 아는 지식에서 자라 가라 영광이 이제와 영원한 날까지 그에게 있을지어다"(벧후 3:18)

8. 하나님의 말씀을 따라 사는 자는 강 같은 평강을 경험한다.

"너희의 구속자시요 이스라엘의 거룩하신 이이신 여호와께서 이르시되 나는 네게 유익하도록 가르치고 너를 마땅히 행할 길로 인도하는 네 하나님 여호와라 네가 나의 명령에 주의하였더라면 네 평강이 강과 같았겠고 네 공의가 바다 물결 같았을 것이며 네 자손이 모래 같았겠고 네 몸의 소생이 모래 알 같아서 그의 이름이 내 앞에서 끊어지지 아니하였겠고 없어지지 아니하였으리라 하셨느니라"(사 48:17-19)

9. 하나님의 말씀은 인생의 갈 길을 가르쳐 보인다.

"내가 네 갈 길을 가르쳐 보이고 너를 주목하여 훈계하리로다"(시 32:8)

10. 하나님의 말씀을 멸시하는 자는 망한다.

"말씀을 멸시하는 자는 자기에게 패망을 이루고 계명을 두려워하는 자는 상을 받느니라"(잠 13:13)

11. 첫 사람인 아담은 하나님의 말씀을 불순종하여 그에게 주어진 엄청난 축복을 잃어버렸다.

아담에게 하나님께서 명하신 생명의 말씀이 있었다.

"여호와 하나님이 그 사람에게 명하여 이르시되 동산 각종 나무의 열매는 네가 임의로 먹되 선악을 알게 하는 나무의 열매는 먹지 말라 네가 먹는 날에는 반드시 죽으리라 하시니라"(창 2:16-17)

아담은 사탄의 거짓말을 믿고 하나님이 금하신 선과 악을 알게 하는 나무의 열매를 먹고 타락하였다.

"그런데 뱀은 여호와 하나님이 지으신 들짐승 중에 가장 간교하니라 뱀이 여자에게 물어 이르되 하나님이 참으로 너희에게 동산 모든 나무의 열매를 먹지 말라 하시더냐 여자가 뱀에게 말하되 동산 나무의 열매를 우리가 먹을 수 있으나 동산 중앙에 있는 나무의 열매는 하나님의 말씀에 너희는 먹지도 말고 만지지도 말라 너희가 죽을까 하노라 하셨느니라 뱀이 여자에게 이르되 너희가 결코 죽지 아니하리라 너희가 그것을 먹는 날에는 너희 눈이 밝아져 하나님과 같이 되어 선악을 알 줄 하나님이 아심이니라 여자가 그 나무를 본즉 먹음직도 하고 보암직도 하고 지혜롭게 할 만큼 탐스럽기도 한 나무인지라 여자가 그 열매를 따먹고 자기와 함께 있는 남편에게도 주매 그도 먹은지라"(창 3:1-6)

아담은 불순종하여 하나님의 형상과 모양을 잃어버렸다.

하나님께서 처음 창조하신 아담은 하나님의 형상과 모양으로 창조되었다(창 1:26-27). 뱀의 거짓말에 속아 하나님의 말씀을 어기고 하나님이 금하신 선과 악을 알게 하는 나무의 열매를 따먹고 하나님의 형상과 모양을 잃어버렸다.

"아담은 백삼십 세에 자기의 모양 곧 자기의 형상과 같은 아들을 낳아 이름을 셋이라 하였고"(창 5:3)

하나님의 말씀을 어긴 아담과 하와는 마침내 에덴동산에서 쫓겨났다.

"여호와 하나님이 이르시되 보라 이 사람이 선악을 아는 일에 우리 중 하나 같이 되었으니 그가 그의 손을 들어 생명 나무 열매도 따먹고 영생할까 하노라 하시고 여호와 하나님이 에덴 동산에서 그를 내보내어 그의 근원이 된 땅을 갈게 하시니라 이같이 하나님이 그 사람을 쫓아내시고 에덴 동산 동쪽에 그룹들과 두루 도는 불 칼을 두어 생명 나무의 길을 지키게 하시니라"(창 3:22-24)

12. 하나님 말씀을 순종하는 자에게 주어진 놀라운 복이 있다.

하나님께서 책임져 주시는 복

"그러므로 누구든지 나의 이 말을 듣고 행하는 자는 그 집을 반석 위에 지은 지혜로운 사람 같으리니 비가 내리고 창수가 나고 바람이 불어 그 집에 부딪치되 무너지지 아니하나니 이는 주추를 반석 위에 놓은 까닭이요"(마 7:24-25)

형통의 복

"이 율법책을 네 입에서 떠나지 말게 하며 주야로 그것을 묵상하여 그 안에 기록된 대로 다 지켜 행하라 그리하면 네 길이 평탄하게 될 것이며 네가 형통하리라"(수 1:8)

하는 일마다 잘 되는 복(신 28:1-14)

22 하나님을 기쁘시게 하라

13. 성도는 하나님의 말씀을 날마다 가까이해야 한다.

하나님의 말씀을 읽고, 듣고, 공부하고, 암송하고 묵상하는 일을 중단하지 않아야 한다. 누에는 알에서 나와서 뽕을 먹고 자란다. 누에가 뽕을 먹고 정상적으로 자라면 마침내 고치를 치고 나비가 된다. 누에고치를 통하여 비단옷이 나온다. 성도도 끊임없이 영의 양식인 하나님의 말씀을 먹고 자라면 놀라운 일들을 경험하게 된다. 진리의 말씀으로 부끄러운 것이 없는 영적인 거장으로 자라게 된다.

"너는 진리의 말씀을 옳게 분별하며 부끄러울 것이 없는 일꾼으로 인정된 자로 자신을 하나님 앞에 드리기를 힘쓰라"(딤후 2:15)

14. 성경은 우리 구주 예수 그리스도에 대한 말씀이다.

"너희가 성경에서 영생을 얻는 줄 생각하고 성경을 연구하거니와 이 성경이 곧 내게 대하여 증언하는 것이니라"(요 5:39)

성경은 예수로 시작하여 예수로 끝나는 말씀이다(창 1:1, 계 22:21).

15. 성경에 많은 약속들이 있다.

죄인을 위하여 구세주가 이 땅에 오신다는 약속(사 53:4-6)

구주가 다윗의 혈통에서 오신다는 약속(사 11:1, 롬 1:3).

구주가 처녀의 몸을 통하여 오신다는 약속(사 7:14).

하나님의 아들 예수가 온 인류의 죄심을 지시고 십자가에서 죽으시고
사흘 만에 다시 사신다는 약속(마 16:21).

죽으시고 다시 사신 예수를 믿는 자는 의롭게 된다는 약속(롬 4:25)

복음을 믿음으로 구원받는다는 약속 (롬 1:16, 롬 10:13, 롬 10:9-10, 요일 2:25).

구원은 믿는 자마다 차별 없이 주어진다는 약속(요 3:16, 롬 10:13).

한 번 구원을 받으면 그 구원이 영원히 보장된다는 약속
(요 6:37, 5:24, 10:28-29, 롬 8:1)

죽으시고 부활하시고 승천하신 예수가 다시 오신다는 약속
(요 14:1-3, 행 1:11).

계명을 지키는 자에게 형통하게 하신다는 약속(수 1:8).

음식이 마음을 힘 있게 하듯 성경이 사람을 힘 있게 한다는 약속
(시 104:15, 행 19:20).

예수께서 자신의 교회를 세우신다는 약속(마 16:18).

16. 하나님의 말씀은 인간의 지혜로 깨달을 수 없고, 하나님께서 성령의 능력으로 가르쳐 주실 때 깨달을 수 있다.

시인은 주의 율법에서 놀라운 것을 볼 수 있도록 눈을 열어달라고 기도하였다.

"내 눈을 열어서 주의 율법에서 놀라운 것을 보게 하소서"(시 119:18)

시인은 하나님의 말씀을 깨닫게 해 달라고 기도하였다.

"주의 말씀을 열면 빛이 비치어 우둔한 사람들을 깨닫게 하나이다"
(시 119:130)

예수님이 마음을 열어 주심으로 하나님의 말씀을 깨닫게 되는 역사가 있었다.

엠마오로 가는 두 제자의 고백을 들어보라. 예수께서 마음을 열어 성경을 깨닫게 하셨다.

"그들이 서로 말하되 길에서 우리에게 말씀하시고 우리에게 성경을 풀어 주실 때에 우리 속에서 마음이 뜨겁지 아니하더냐 하고, 이에 그들의 마음을 열어 성경을 깨닫게 하시고"(눅 24:32, 45)

보혜사 성령님의 도우심으로 성경을 깨닫게 된다.

"보혜사 곧 아버지께서 내 이름으로 보내실 성령 그가 너희에게 모든 것을 가르치고 내가 너희에게 말한 모든 것을 생각나게 하리라"(요 14:26)

우리는 하나님의 말씀인 성경을 알아야 한다. 하나님을 아는 것은 그의 말씀을 아는 것이다.

2장 예배

하나님은 예배를 기뻐하신다.

"그러므로 형제들아 내가 하나님의 모든 자비하심으로 너희를 권하노니 너희 몸을 하나님이 기뻐하시는 거룩한 산 제물로 드리라 이는 너희가 드릴 영적 예배니라"(롬 12:1)

1. 예배란 무엇인가?

예배는 우리의 전 존재를 하나님께 굴복시키는 일이다.
예배는 우리의 전 존재를 하나님께 드리는 가장 이타적인 감정이다.

예배는 하나님의 계명을 지키는 행위이다(출 20:3-6).

예배는 하나님을 기쁘시게 해드리는 최상의 것이다(롬 12:1).

예배는 우리의 온 영과 혼과 몸을 하나님께 드리는 행위이다.

하나님은 영과 진리로 예배하는 예배자를 찾으신다(요 4:23-24).

모든 사람은 종교심이 있어서 예배의 대상을 정해놓고 예배한다(행 17:22).

어떤 사람은 하나님께서 창조하신 피조물들을 예배한다.

우리의 예배의 대상은 오직 하나님 한 분뿐이다.

십계명에서 하나님을 삶의 첫 자리에 두고 하나님을 예배하는 것이 얼마나 놀라운 일인지를 말씀하셨다.

"너는 나 외에는 다른 신들을 네게 두지 말라 너를 위하여 새긴 우상을 만들지 말고 또 위로 하늘에 있는 것이나 아래로 땅에 있는 것이나 땅 아래 물 속에 있는 것의 어떤 형상도 만들지 말며 그것들에게 절하지 말며 그것들을 섬기지 말라 나 네 하나님 여호와는 질투하는 하나님인즉 나를 미워하는 자의 죄를 갚되 아버지로부터 아들에게로 삼사 대까지 이르게 하거니와 나를 사랑하고 내 계명을 지키는 자에게는 천 대까지 은혜를 베푸느니라 너는 네 하나님 여호와의 이름을 망령되게 부

르지 말라 여호와는 그의 이름을 망령되게 부르는 자를 죄 없다 하지 아
니하리라 안식일을 기억하여 거룩하게 지키라 엿새 동안은 힘써 네 모
든 일을 행할 것이나 일곱째 날은 네 하나님 여호와의 안식일인즉 너나
네 아들이나 네 딸이나 네 남종이나 네 여종이나 네 가축이나 네 문안에
머무는 객이라도 아무 일도 하지 말라 이는 엿새 동안에 나 여호와가 하
늘과 땅과 바다와 그 가운데 모든 것을 만들고 일곱째 날에 쉬었음이라
그러므로 나 여호와가 안식일을 복되게 하여 그 날을 거룩하게 하였느
니라"(출 20:3-11)

2. 성경은 인간에게 다른 신이나 어떤 피조물을 예배하는 것을 금하였다.

출애굽기 32장에는 아론과 이스라엘 백성들이 예배의 대상을 바꾸어
금송아지를 만들어 놓고 그것을 예배하는 웃기는 일들이 있었다. 이스
라엘 백성들은 예배의 대상을 바꾸었다. 하나님 대신에 금송아지를 만
들어 놓고 금송아지가 이스라엘을 애굽에서 인도하여 낸 신이라고 하
였다. 그러므로 우리 하나님은 진노하셨다. 그리고 그들을 향하여 목이
곧은 백성, 부패한 백성, 방자한 백성이라고 하셨다. 이때 모세는 하나
님의 진노의 불을 꺼달라고 기도하였고 이때 약 3,000명 정도가 죽었다.
우리 인간의 참 예배의 대상은 오직 유일하신 하나님 한 분뿐이다.

"백성이 모세가 산에서 내려옴이 더딤을 보고 모여 백성이 아론에게 이르러 말하되 일어나라 우리를 위하여 우리를 인도할 신을 만들라 이 모세 곧 우리를 애굽 땅에서 인도하여 낸 사람은 어찌 되었는지 알지 못함이니라 아론이 그들에게 이르되 너희의 아내와 자녀의 귀에서 금 고리를 빼어 내게로 가져오라 모든 백성이 그 귀에서 금 고리를 빼어 아론에게로 가져가매 아론이 그들의 손에서 금 고리를 받아 부어서 조각칼로 새겨 송아지 형상을 만드니 그들이 말하되 이스라엘아 이는 너희를 애굽 땅에서 인도하여 낸 너희의 신이로다 하는지라 아론이 보고 그 앞에 제단을 쌓고 이에 아론이 공포하여 이르되 내일은 여호와의 절일이니라 하니 이튿날에 그들이 일찍이 일어나 번제를 드리며 화목제를 드리고 백성이 앉아서 먹고 마시며 일어나서 뛰놀더라"(출 32:1-6)

성경은 우상을 예배하는 것을 금하셨다.

"오직 우리 하나님은 하늘에 계셔서 원하시는 모든 것을 행하셨나이다 그들의 우상들은 은과 금이요 사람이 손으로 만든 것이라 입이 있어도 말하지 못하며 눈이 있어도 보지 못하며 귀가 있어도 듣지 못하며 코가 있어도 냄새 맡지 못하며 손이 있어도 만지지 못하며 발이 있어도 걷지 못하며 목구멍이 있어도 작은 소리조차 내지 못하느니라 우상들을 만드는 자들과 그것을 의지하는 자들이 다 그와 같으리로다"(시 115:3-8)

하나님은 다른 신에게 예물을 드리는 자는 괴로움이 더할 것이라고 하셨다.

"다른 신에게 예물을 드리는 자는 괴로움이 더할 것이라 나는 그들이 드리는 피의 전제를 드리지 아니하며 내 입술로 그 이름도 부르지 아니하리로다"(시 16:4)

우상은 아무것도 아니기 때문에 우상을 예배하는 것은 참으로 어리석은 일이다.

"그러므로 우상의 제물을 먹는 일에 대하여는 우리가 우상은 세상에 아무 것도 아니며 또한 하나님은 한 분밖에 없는 줄 아노라"(고전 8:4)

하나님이 아닌 다른 신들 곧 망할 신들을 예배하는 사람은 망한다.

"너희는 이같이 그들에게 이르기를 천지를 짓지 아니한 신들은 땅 위에서, 이 하늘 아래에서 망하리라 하라"(렘 10:11)

예배의 대상을 바꾸어 하나님 외에 다른 것들을 예배하는 사람들이 있다.

"하나님을 알되 하나님을 영화롭게도 아니하며 감사하지도 아니하고 오히려 그 생각이 허망하여지며 미련한 마음이 어두워졌나니 스스로 지혜 있다 하나 어리석게 되어 썩어지지 아니하는 하나님의 영광을 썩어질 사람과 새와 짐승과 기어다니는 동물 모양의 우상으로 바꾸었느니라 그러므로 하나님께서 그들을 마음의 정욕대로 더러움에 내버려 두사 그들의 몸을 서로 욕되게 하게 하셨으니 이는 그들이 하나님의 진리를 거짓 것으로 바꾸어 피조물을 조물주보다 더 경배하고 섬김이라 주는 곧 영원히 찬송할 이시로다 아멘"(롬 1:21-25)

하나님을 예배하는 자는 참으로 선택을 잘한 것이다.

3. 예배를 중요하게 여기고 실천했던 사람들

노아와 예배 – 노아는 홍수심판 후에 방주에서 나와서 제일 먼저 예배를 드렸다.

"노아가 여호와께 제단을 쌓고 모든 정결한 짐승과 모든 정결한 새 중에서 제물을 취하여 번제로 제단에 드렸더니 여호와께서 그 향기를 받으시고 그 중심에 이르시되 내가 다시는 사람으로 말미암아 땅을 저주하지 아니하리니 이는 사람의 마음이 계획하는 바가 어려서부터 악함이라 내가 전에 행한 것 같이 모든 생물을 다시 멸하지 아니하리니 땅이 있을 동안에는 심음과 거둠과 추위와 더위와 여름과 겨울과 낮과 밤이 쉬지 아니하리라"(창 8:20-22)

아브라함과 예배 - 아브라함은 이사할 때마다 하나님을 위하여 단을 쌓았다. 제단을 쌓았다는 것은 예배를 하였다는 뜻이다.

"여호와께서 아브람에게 나타나 이르시되 내가 이 땅을 네 자손에게 주리라 하신지라 자기에게 나타나신 여호와께 그가 그 곳에서 제단을 쌓고 거기서 벧엘 동쪽 산으로 옮겨 장막을 치니 서쪽은 벧엘이요 동쪽은 아이라 그가 그 곳에서 여호와께 제단을 쌓고 여호와의 이름을 부르더니 점점 남방으로 옮겨갔더라, 이에 아브람이 장막을 옮겨 헤브론에 있는 마므레 상수리 수풀에 이르러 거주하며 거기서 여호와를 위하여 제단을 쌓았더라"(창 12:7-9, 13:18)

이삭과 예배

"이삭이 거기서부터 브엘세바로 올라갔더니 그 밤에 여호와께서 그에게 나타나 이르시되 나는 네 아버지 아브라함의 하나님이니 두려워하지 말라 내 종 아브라함을 위하여 내가 너와 함께 있어 네게 복을 주어 네 자손이 번성하게 하리라 하신지라 이삭이 그 곳에 제단을 쌓고, 여호와의 이름을 부르며 거기 장막을 쳤더니 이삭의 종들이 거기서도 우물을 팠더라"(창 26:23-25)

야곱과 예배

야곱은 한 때 어떤 사건으로 말미암아 두려움에 떨고 있었다. 그때에 하나님은 야곱에게 벧엘로 올라가서 거기서 하나님께 단을 쌓으라는 명하셨다. 야곱은 하나님의 말씀에 순종하여 벧엘로 올라가서 하나님께 예배를 드림으로 위기에서 건짐을 받았다.

"하나님이 야곱에게 이르시되 일어나 벧엘로 올라가서 거기 거주하며 네가 네 형 에서의 낯을 피하여 도망하던 때에 네게 나타났던 하나님께 거기서 제단을 쌓으라 하신지라 야곱이 이에 자기 집안 사람과 자기와 함께 한 모든 자에게 이르되 너희 중에 있는 이방 신상들을 버리고 자신을 정결하게 하고 너희들의 의복을 바꾸어 입으라 우리가 일어나 벧엘로 올라가자 내 환난 날에 내게 응답하시며 내가 가는 길에서 나와 함께 하신 하나님께 내가 거기서 제단을 쌓으려 하노라 하매 그들이 자기 손에 있는 모든 이방 신상들과 자기 귀에 있는 귀고리들을 야곱에게 주는지라 야곱이 그것들을 세겜 근처 상수리나무 아래에 묻고 그들이 떠났으나 하나님이 그 사면 고을들로 크게 두려워하게 하셨으므로 야곱의 아들들을 추격하는 자가 없었더라 야곱과 그와 함께 한 모든 사람이 가나안 땅 루스 곧 벧엘에 이르고 그가 거기서 제단을 쌓고 그 곳을 엘벧엘이라 불렀으니 이는 그의 형의 낯을 피할 때에 하나님이 거기서 그에게 나타나셨음이더라 리브가의 유모 드보라가 죽으매 그를 벧엘 아래에 있는 상수리나무 밑에 장사하고 그 나무 이름을 알론바굿이라 불렀더라"(창 35:1-8)

다윗과 예배

다윗은 하나님이 원하시지 않는 이스라엘 백성들을 계수한 죄를 범하였다. 이때 이스라엘 백성들이 전염병으로 7만 명이나 죽었다. 이때 다윗은 장로들과 더불어 굵은 베를 입고 철저하게 회개하였고, 곧바로 선지자를 통하여 하나님의 메시지를 들었다. 다윗은 갓 선지자를 통하여 전하여 들은 하나님의 말씀에 따라 오르난 타작마당에서 여호와를 위하여 제단을 쌓았는데 이 일로 인하여 염병이 그쳤다. 다윗이 제단을 쌓았다는 말씀은 하나님께 예배하였다는 말이다. 그러므로 예배는 재앙을 몰아내는 하나님의 능력이다. 그러므로 예배의 성공은 인생성공이다.

"다윗 왕이 오르난에게 이르되 그렇지 아니하다 내가 반드시 상당한 값으로 사리라 내가 여호와께 드리려고 네 물건을 빼앗지 아니하겠고 값 없이는 번제를 드리지도 아니하리라 하니라 그리하여 다윗은 그 터 값으로 금 육백 세겔을 달아 오르난에게 주고 다윗이 거기서 여호와를 위하여 제단을 쌓고 번제와 화목제를 드려 여호와께 아뢰었더니 여호와께서 하늘에서부터 번제단 위에 불을 내려 응답하시고 여호와께서 천사를 명령하시매 그가 칼을 칼집에 꽂았더라"(대상 21:24-27)

욥과 예배 - 욥은 모든 것을 다 잃고도 하나님께 예배하였다.

"욥이 일어나 겉옷을 찢고 머리털을 밀고 땅에 엎드려 예배하며 이르되 내가 모태에서 알몸으로 나왔사온즉 또한 알몸이 그리로 돌아가올지라 주신 이도 여호와시요 거두신 이도 여호와시오니 여호와의 이름이 찬송을 받으실지니이다 하고 이 모든 일에 욥이 범죄하지 아니하고 하나님을 향하여 원망하지 아니하니라"(욥 1:20-22)

하나님은 욥의 노년에 회복의 기쁨을 안겨 주셨다.

"여호와께서 욥의 말년에 욥에게 처음보다 더 복을 주시니 그가 양 만사천과 낙타 육천과 소 천 겨리와 암나귀 천을 두었고 또 아들 일곱과 딸 셋을 두었으며 그가 첫째 딸은 여미마라 이름하였고 둘째 딸은 긋시아라 이름하였고 셋째 딸은 게렌합북이라 이름하였으니 모든 땅에서 욥의 딸들처럼 아리따운 여자가 없었더라 그들의 아버지가 그들에게 그들의 오라비들처럼 기업을 주었더라 그 후에 욥이 백사십 년을 살며 아들과 손자 사 대를 보았고 욥이 늙어 나이가 차서 죽었더라"(욥42:12-17)

그러므로 예배의 성공은 인생성공이며, 예배의 실패는 인생 실패이다. 우리의 예배의 대상은 유일하신 참 하나님뿐이다. 예배로 하나님을 기쁘시게 해드릴 수 있다. 예배는 재앙의 줄을 끊어버리는 하나님의 능력이다. 그러므로 하나님은 참 예배자를 찾으신다. 특히 공적인 예배에 빠지지 않도록 하라. 예배 중에 말씀, 기도, 찬양, 드리는 은혜, 교제가 있다. 영과 진리로 예배하는 자에게 많은 유익이 있다.

4. 성도는 자주 모여서 예배해야 한다.

"서로 돌아보아 사랑과 선행을 격려하며 모이기를 폐하는 어떤 사람들의 습관과 같이 하지 말고 오직 권하여 그 날이 가까움을 볼수록 더욱 그리하자"(히 10:24-25)

초대 교회는 예배공동체였다.

"그들이 사도의 가르침을 받아 서로 교제하고 떡을 떼며 오로지 기도하기를 힘쓰니라 사람마다 두려워하는데 사도들로 말미암아 기사와 표적이 많이 나타나니 믿는 사람이 다 함께 있어 모든 물건을 서로 통용하고 또 재산과 소유를 팔아 각 사람의 필요를 따라 나눠 주며 날마다 마음을 같이하여 성전에 모이기를 힘쓰고 집에서 떡을 떼며 기쁨과 순전한 마음으로 음식을 먹고 하나님을 찬미하며 또 온 백성에게 칭송을 받으니 주께서 구원 받는 사람을 날마다 더하게 하시니라"(행 2:42-47)

3장 경외

우리 하나님께서 하나님을 경외하는 자들을 기뻐하신다. 사람이 복을 받고 살려면 마땅히 하나님을 경외하는 자로 살아야 한다. 우리 하나님께서는 하나님을 경외하는 자들을 기뻐하신다.

"여호와는 말의 힘이 세다 하여 기뻐하지 아니하시며 사람의 다리가 억세다 하여 기뻐하지 아니하시고 여호와는 자기를 경외하는 자들과 그의 인자하심을 바라는 자들을 기뻐하시는도다"(시 147:10-11)

1. 하나님을 경외함이란 무엇일까?

경외란 주권자이신 하나님의 권위와 거룩함에 대하여 피조물인 인간이 공경하는 마음에서 갖게 되는 두려움이다. 하나님을 경외하는 것은 두려움이나 공포와 같은 것과는 달리 죄인이 거룩하신 하나님을 대면하였을 때에 갖게 되는 자연스러운 반응이다.

하나님에 대한 경외는 율법을 들을 때에 생긴다.

"네가 호렙 산에서 네 하나님 여호와 앞에 섰던 날에 여호와께서 내게 이르시기를 나에게 백성을 모으라 내가 그들에게 내 말을 들려주어 그들이 세상에 사는 날 동안 나를 경외함을 배우게 하며 그 자녀에게 가르치게 하리라 하시매"(신 4:10)

2. 하나님을 경외함에 대한 성경적 표현들

하나님을 경외하는 것이 인간의 본분이다.

"일의 결국을 다 들었으니 하나님을 경외하고 그의 명령들을 지킬지어다 이것이 모든 사람의 본분이니라"(전 12:13)

하나님을 경외하는 것이 보배이다.

"네 시대에 평안함이 있으며 구원과 지혜와 지식이 풍성할 것이니 여호와를 경외함이 네 보배니라"(사 33:6)

하나님을 경외하는 것이 지혜와 지식의 근본이다.

"또 사람에게 말씀하셨도다 보라 주를 경외함이 지혜요 악을 떠남이 명철이니라"(욥 28:28)

"여호와를 경외함이 지혜의 근본이라 그의 계명을 지키는 자는 다 훌륭한 지각을 가진 자이니 여호와를 찬양함이 영원히 계속되리로다"(시 111:10)

"여호와를 경외하는 것이 지식의 근본이거늘 미련한 자는 지혜와 훈계를 멸시하느니라"(잠 1:7)

하나님 경외함이 행복의 조건이다.

"이스라엘아 네 하나님 여호와께서 네게 요구하시는 것이 무엇이냐 곧 네 하나님 여호와를 경외하여 그의 모든 도를 행하고 그를 사랑하며 마음을 다하고 뜻을 다하여 네 하나님 여호와를 섬기고 내가 오늘 네 행복을 위하여 네게 명하는 여호와의 명령과 규례를 지킬 것이 아니냐"(신 10:12-13)

3. 하나님을 경외하는 자들이 갖는 올바른 태도와 자세는 말씀에 조건 없이 순종하는 것이다.

하나님의 말씀을 조건 없이 순종하는 것이 하나님을 경외하는 삶이다. 성경은 이것이 사실임을 증명하고 있다. 하나님께서 아브라함을 시험하실 때, 100세에 낳은 아들 이삭을 번제로 드리라고 명령하셨다. 이때 아브라함은 머뭇거리지 않고 하나님께서 하라는 대로 순종하였다. 하나님은 아브라함이 하나님의 말씀에 조건 없이 순종하였을 때 하나님을 경외하는 자라고 평가하셨다.

"그 일 후에 하나님이 아브라함을 시험하시려고 그를 부르시되 아브라함아 하시니 그가 이르되 내가 여기 있나이다 여호와께서 이르시되 네아들 네 사랑하는 독자 이삭을 데리고 모리아 땅으로 가서 내가 네게 일러 준 한 산 거기서 그를 번제로 드리라 아브라함이 아침에 일찍이 일어나 나귀에 안장을 지우고 두 종과 그의 아들 이삭을 데리고 번제에 쓸 나무를 쪼개어 가지고 떠나 하나님이 자기에게 일러 주신 곳으로 가더니 제삼일에 아브라함이 눈을 들어 그 곳을 멀리 바라본지라 이에 아브라함이 종들에게 이르되 너희는 나귀와 함께 여기서 기다리라 내가 아이와 함께 저기 가서 예배하고 우리가 너희에게로 돌아오리라 하고 아브라함이 이에 번제 나무를 가져다가 그의 아들 이삭에게 지우고 자기는 불과 칼을 손에 들고 두 사람이 동행하더니 이삭이 그 아버지 아브라함에게 말하여 이르되 내 아버지여 하니 그가 이르되 내 아들아 내가 여기 있노라 이삭이 이르되 불과 나무는 있거니와 번제할 어린 양은 어디 있나이까 아브라함이 이르되 내 아들아 번제할 어린 양은 하나님이 자기를 위하여 친히 준비하시리라 하고 두 사람이 함께 나아가서 하나님이 그에게 일러 주신 곳에 이른지라 이에 아브라함이 그 곳에 제단을 쌓고 나무를 벌여 놓고 그의 아들 이삭을 결박하여 제단 나무 위에 놓고 손을 내밀어 칼을 잡고 그 아들을 잡으려 하니 여호와의 사자가 하늘에서부터 그를 불러 이르시되 아브라함아 아브라함아 하시는지라 아브라함이 이르되 내가 여기 있나이다 하매 사자가 이르시되 그 아이에게 네 손을 대지 말라 그에게 아무 일도 하지 말라 네가 네 아들 네 독자까지도 내게 아끼지 아니하였으니 내가 이제야 네가 하나님을 경외하는 줄을 아노라"(창 22:1-12)

4. 하나님께서 하나님을 경외하는 자들에 축복을 약속하셨다.

행복을 약속하셨다.

"이스라엘아 네 하나님 여호와께서 네게 요구하시는 것이 무엇이냐 곧 네 하나님 여호와를 경외하여 그의 모든 도를 행하고 그를 사랑하며 마음을 다하고 뜻을 다하여 네 하나님 여호와를 섬기고 내가 오늘 네 행복을 위하여 네게 명하는 여호와의 명령과 규례를 지킬 것이 아니냐"(신 10:12-13)

평안과 함께 지혜와 지식의 풍성함을 약속하셨다.

"네 시대에 평안함이 있으며 구원과 지혜와 지식이 풍성할 것이니 여호와를 경외함이 네 보배니라"(사 33:6)

영혼을 건지시고 굶주릴 때도 책임지심을 약속하셨다.

"여호와는 그를 경외하는 자 곧 그의 인자하심을 바라는 자를 살피사 그들의 영혼을 사망에서 건지시며 그들이 굶주릴 때에 그들을 살리시는도다"(시 33:18-19)

천사를 통하여 지켜주심을 약속하셨다.

"여호와의 천사가 주를 경외하는 자를 둘러 진 치고 그들을 건지시는도다"(시 34:7)

부족함이 없도록 도우심을 약속하셨다.

"너희 성도들아 여호와를 경외하라 그를 경외하는 자에게는 부족함이 없도다 젊은 사자는 궁핍하여 주릴지라도 여호와를 찾는 자는 모든 좋은 것에 부족함이 없으리로다"(시 34:9-10)

장수의 복을 약속하셨다.

"여호와를 경외하면 장수하느니라 그러나 악인의 수명은 짧아지느
니라"(잠 10:27)

소원을 이루어 주심을 약속하셨다.

"그는 자기를 경외하는 자들의 소원을 이루시며 또 그들의 부르짖음
을 들으사 구원하시리로다"(시 145:19)

잘 됨을 약속하셨다.

"죄인은 백 번이나 악을 행하고도 장수하거니와 또한 내가 아노니 하
나님을 경외하여 그를 경외하는 자들은 잘 될 것이요 악인은 잘 되지 못
하며 장수하지 못하고 그 날이 그림자와 같으리니 이는 하나님을 경외
하지 아니함이니라"(전 8:12-13)

생명의 샘을 약속하셨다.

"여호와를 경외하는 것은 생명의 샘이니 사망의 그물에서 벗어나게
하느니라"(잠 14:27)

하나님께 영광을 돌리게 됨을 약속하셨다.

"여호와를 두려워하는 너희여 그를 찬송할지어다 야곱의 모든 자손이여 그에게 영광을 돌릴지어다 너희 이스라엘 모든 자손이여 그를 경외할지어다"(시 22:23)

치료하는 광선을 경험함을 약속하셨다.

"내 이름을 경외하는 너희에게는 공의로운 해가 떠올라서 치료하는 광선을 비추리니 너희가 나가서 외양간에서 나온 송아지 같이 뛰리라"(말 4:2)

하나님을 경외하는 자들의 말이 하나님의 기념 책에 기록됨을 약속하셨다.

"그 때에 여호와를 경외하는 자들이 피차에 말하매 여호와께서 그것을 분명히 들으시고 여호와를 경외하는 자와 그 이름을 존중히 여기는 자를 위하여 여호와 앞에 있는 기념책에 기록하셨느니라"(말 3:16)

하나님이 긍휼히 여기실 것을 약속하셨다.

"아버지가 자식을 긍휼히 여김 같이 여호와께서는 자기를 경외하는 자를 긍휼히 여기시나니"(시 103:13)

하나님이 받아주심을 약속하셨다.

"각 나라 중 하나님을 경외하며 의를 행하는 사람은 다 받으시는 줄 깨달았도다"(행 10:35)

집안을 흥왕하게 하심을 약속하셨다.

"그 산파들은 하나님을 경외하였으므로 하나님이 그들의 집안을 흥왕하게 하신지라"(출 1:21)

건강을 약속하셨다.

"스스로 지혜롭게 여기지 말지어다 여호와를 경외하며 악을 떠날지어다 이것이 네 몸에 양약이 되어 네 골수를 윤택하게 하리라"(잠 3:7-8)

악에서 떠나게 됨을 약속하셨다.

"인자와 진리로 인하여 죄악이 속하게 되고 여호와를 경외함으로 말미암아 악에서 떠나게 되느니라"(잠 16:6)

따라서 우리는 하나님을 경외하는 자가 되어야 한다. 아브라함과 같이 하나님의 말씀에 조건 없이 순종하는 자가 하나님을 경외하는 자이다.

"사자가 이르시되 그 아이에게 네 손을 대지 말라 그에게 아무 일도 하지 말라 네가 네 아들 네 독자까지도 내게 아끼지 아니하였으니 내가 이제야 네가 하나님을 경외하는 줄을 아노라"(창 22:12)

4장 기도

"악인의 제사는 여호와께서 미워하셔도 정직한 자의 기도는 그가 기뻐하시느니라"(잠 15:8)

하나님은 우리가 드리는 기도를 기뻐하신다. 기도란 무엇인가? 하나님과의 대화이다. 기도는 우리 성도들이 누리는 특권이다. 하나님은 성도의 기도를 들어주기 때문이다.

"기도를 들으시는 주여 모든 육체가 주께 나아오리이다"(시 65:2)

그러므로 성도는 기도로 하나님과 교제할 수 있다. 기도는 성도의 필수이다. 사무엘 선지자는 기도를 쉬는 것을 죄로 보았다.

"나는 너희를 위하여 기도하기를 쉬는 죄를 여호와 앞에 결단코 범하지 아니하고 선하고 의로운 길을 너희에게 가르칠 것인즉"(삼상 12:23)

1. 기도는 호흡과 같다.

성도의 신앙생활에서 기도를 제할 수 없다. 기도가 모든 문제를 해결하는 대안이요 답이다. 기도는 하나님을 가까이 하는 수단이기 때문에 우리는 기도를 통하여 하나님을 가까이 할 수 있다.

"여호와께서는 자기에게 간구하는 모든 자 곧 진실하게 간구하는 모든 자에게 가까이 하시는도다"(시 145:18)

2. 기도와 관련하여 우리가 알아야 할 많은 표현들이 있다.

기도는 문제 해결의 키이다.

하나님은 예레미야가 시위대 뜰에 갇혀 있을 때 기도하라고 명령하셨다.

"예레미야가 아직 시위대 뜰에 갇혀 있을 때에 여호와의 말씀이 그에게 두 번째로 임하니라 이르시되 일을 행하시는 여호와, 그것을 만들며 성취하시는 여호와, 그의 이름을 여호와라 하는 이가 이와 같이 이르시도다 너는 내게 부르짖으라 내가 네게 응답하겠고 네가 알지 못하는 크

고 은밀한 일을 네게 보이리라"(렘 33:1-3)

기도로 하나님을 만날 수 있다.

"여호와의 말씀이니라 너희를 향한 나의 생각을 내가 아나니 평안이요 재앙이 아니니라 너희에게 미래와 희망을 주는 것이니라 너희가 내게 부르짖으며 내게 와서 기도하면 내가 너희들의 기도를 들을 것이요 너희가 온 마음으로 나를 구하면 나를 찾을 것이요 나를 만나리라"(렘 29:11-13)

기도는 하나님의 명령이다.

"쉬지 말고 기도하라"(살전 5:17)

예수님은 그의 제자들에게 기도의 원리와 방법을 가르치면서 기도하라고 명하셨다.

"그러므로 너희는 이렇게 기도하라 하늘에 계신 우리 아버지여 이름이 거룩히 여김을 받으시오며 나라가 임하시오며 뜻이 하늘에서 이루어진 것 같이 땅에서도 이루어지이다 오늘 우리에게 일용할 양식을 주시옵고 우리가 우리에게 죄 지은 자를 사하여 준 것 같이 우리 죄를 사하여 주시옵고 우리를 시험에 들게 하지 마시옵고 다만 악에서 구하시

옵소서   (나라와 권세와 영광이 아버지께 영원히 있사옵나이다 아멘"(
마 6:9-13)

예수 이름으로 드려진 기도에 능력이 나타난다.

"너희가 내 이름으로 무엇을 구하든지 내가 행하리니 이는 아버지로
하여금 아들로 말미암아 영광을 받으시게 하려 함이라 내 이름으로 무
엇이든지 내게 구하면 내가 행하리라"(요 14:13-14)

"너희가 나를 택한 것이 아니요 내가 너희를 택하여 세웠나니 이는 너
희로 가서 열매를 맺게 하고 또 너희 열매가 항상 있게 하여 내 이름으로
아버지께 무엇을 구하든지 다 받게 하려 함이라"(요 15:16)

"그 날에는 너희가 아무 것도 내게 묻지 아니하리라 내가 진실로 진
실로 너희에게 이르노니 너희가 무엇이든지 아버지께 구하는 것을 내
이름으로 주시리라 지금까지는 너희가 내 이름으로 아무 것도 구하지
아니하였으나 구하라 그리하면 받으리니 너희 기쁨이 충만하리라"(요
16:23-24)

하나님은 한 번에 많은 것을 구해도 구하는 것을 동시에 다 들어주신다.

"야베스가 이스라엘 하나님께 아뢰어 이르되 주께서 내게 복을 주시

려거든 나의 지역을 넓히시고 주의 손으로 나를 도우사 나로 환난을 벗어나 내게 근심이 없게 하옵소서 하였더니 하나님이 그가 구하는 것을 허락하셨더라"(대상 4:10)

하나님은 교만한 자의 기도를 물리치시고 겸손한 자의 기도를 들으신다.

"두 사람이 기도하러 성전에 올라가니 하나는 바리새인이요 하나는 세리라 바리새인은 서서 따로 기도하여 이르되 하나님이여 나는 다른 사람들 곧 토색, 불의, 간음을 하는 자들과 같지 아니하고 이 세리와도 같지 아니함을 감사하나이다 나는 이레에 두 번씩 금식하고 또 소득의 십일조를 드리나이다 하고 세리는 멀리 서서 감히 눈을 들어 하늘을 쳐다보지도 못하고 다만 가슴을 치며 이르되 하나님이여 불쌍히 여기소서 나는 죄인이로소이다 하였느니라 내가 너희에게 이르노니 이에 저 바리새인이 아니고 이 사람이 의롭다 하심을 받고 그의 집으로 내려갔느니라 무릇 자기를 높이는 자는 낮아지고 자기를 낮추는 자는 높아지리라 하시니라"(눅 18:10-14)

3. 기도로 많은 것들을 경험할 수 있다.

기도로 태가 열리고 닫힌다.

"아브라함이 하나님께 기도하매 하나님이 아비멜렉과 그의 아내와 여종을 치료하사 출산하게 하셨으니 여호와께서 이왕에 아브라함의 아내 사라의 일로 아비멜렉의 집의 모든 태를 닫으셨음이더라"(창 20:17-18)

이삭은 40세에 리브가를 아내로 맞이하여 60세에 에서와 야곱을 얻었다. 이삭은 20년 동안 자식을 위하여 기도하였다.

"이삭이 그의 아내가 임신하지 못하므로 그를 위하여 여호와께 간구하매 여호와께서 그의 간구를 들으셨으므로 그의 아내 리브가가 임신하였더니 그 아들들이 그의 태 속에서 서로 싸우는지라 그가 이르되 이럴 경우에는 내가 어찌할꼬 하고 가서 여호와께 묻자온대 여호와께서 그에게 이르시되 두 국민이 네 태중에 있구나 두 민족이 네 복중에서부터 나누이리라 이 족속이 저 족속보다 강하겠고 큰 자가 어린 자를 섬기리라 하셨더라 그 해산 기한이 찬즉 태에 쌍둥이가 있었는데 먼저 나온 자는 붉고 전신이 털옷 같아서 이름을 에서라 하였고 후에 나온 아우는 손으로 에서의 발꿈치를 잡았으므로 그 이름을 야곱이라 하였으며 리브가가 그들을 낳을 때에 이삭이 육십 세였더라"(창 25:21-26)

한나는 기도로 사무엘을 얻었다.

"한나가 마음이 괴로워서 여호와께 기도하고 통곡하며 서원하여 이르되 만군의 여호와여 만일 주의 여종의 고통을 돌보시고 나를 기억하사 주의 여종을 잊지 아니하시고 주의 여종에게 아들을 주시면 내가 그의 평생에 그를 여호와께 드리고 삭도를 그의 머리에 대지 아니하겠나이다 그가 여호와 앞에 오래 기도하는 동안에 엘리가 그의 입을 주목한즉 한나가 속으로 말하매 입술만 움직이고 음성은 들리지 아니하므로 엘리는 그가 취한 줄로 생각한지라 엘리가 그에게 이르되 네가 언제까지 취하여 있겠느냐 포도주를 끊으라 하니 한나가 대답하여 이르되 내 주여 그렇지 아니하니이다 나는 마음이 슬픈 여자라 포도주나 독주를 마신 것이 아니요 여호와 앞에 내 심정을 통한 것뿐이오니 당신의 여종을 악한 여자로 여기지 마옵소서 내가 지금까지 말한 것은 나의 원통함과 격분됨이 많기 때문이니이다 하는지라 엘리가 대답하여 이르되 평안히 가라 이스라엘의 하나님이 네가 기도하여 구한 것을 허락하시기를 원하노라 하니 이르되 당신의 여종이 당신께 은혜 입기를 원하나이다 하고 가서 먹고 얼굴에 다시는 근심 빛이 없더라 그들이 아침에 일찍이 일어나 여호와 앞에 경배하고 돌아가 라마의 자기 집에 이르니라 엘가나가 그의 아내 한나와 동침하매 여호와께서 그를 생각하신지라 한나가 임신하고 때가 이르매 아들을 낳아 사무엘이라 이름하였으니 이는 내가 여호와께 그를 구하였다 함이더라"(삼상 1:10-20)

기도로 승산이 없는 전쟁을 승리로 이끌 수 있었다.

"모세가 손을 들면 이스라엘이 이기고 손을 내리면 아말렉이 이기더니 모세의 팔이 피곤하매 그들이 돌을 가져다가 모세의 아래에 놓아 그가 그 위에 앉게 하고 아론과 훌이 한 사람은 이쪽에서, 한 사람은 저쪽에서 모세의 손을 붙들어 올렸더니 그 손이 해가 지도록 내려오지 아니한지라"(출 17:11-12)

기도로 태양이 머물고 달이 그쳤다.

"여호와께서 아모리 사람을 이스라엘 자손에게 넘겨 주시던 날에 여호수아가 여호와께 아뢰어 이스라엘의 목전에서 이르되 태양아 너는 기브온 위에 머무르라 달아 너도 아얄론 골짜기에서 그리할지어다 하매 태양이 머물고 달이 멈추기를 백성이 그 대적에게 원수를 갚기까지 하였느니라 야살의 책에 태양이 중천에 머물러서 거의 종일토록 속히 내려가지 아니하였다고 기록되지 아니하였느냐 여호와께서 사람의 목소리를 들으신 이같은 날은 전에도 없었고 후에도 없었나니 이는 여호와께서 이스라엘을 위하여 싸우셨음이니라"(수 10:12-14)

베드로와 요한이 성전에 기도하러 올라갔다가 성전 미문에서 구걸하는 앉은뱅이를 만나 예수 이름으로 선포 기도하여 고침을 받게 하였다.

"제 구 시 기도 시간에 베드로와 요한이 성전에 올라갈새 나면서 못 걷게 된 이를 사람들이 메고 오니 이는 성전에 들어가는 사람들에게 구걸하기 위하여 날마다 미문이라는 성전 문에 두는 자라 그가 베드로와 요한이 성전에 들어가려 함을 보고 구걸하거늘 베드로가 요한과 더불어 주목하여 이르되 우리를 보라 하니 그가 그들에게서 무엇을 얻을까 하여 바라보거늘 베드로가 이르되 은과 금은 내게 없거니와 내게 있는 이 것을 네게 주노니 나사렛 예수 그리스도의 이름으로 일어나 걸으라 하고 오른손을 잡아 일으키니 발과 발목이 곧 힘을 얻고 뛰어 서서 걸으며 그들과 함께 성전으로 들어가면서 걷기도 하고 뛰기도 하며 하나님을 찬송하니 모든 백성이 그 걷는 것과 하나님을 찬송함을 보고 그가 본래 성전 미문에 앉아 구걸하던 사람인 줄 알고 그에게 일어난 일로 인하여 심히 놀랍게 여기며 놀라니라"(행 3:1-10)

기도로 히스기야의 생명이 15년이나 연장되었다.

"그 때에 히스기야가 병들어 죽게 되니 아모스의 아들 선지자 이사야가 나아가 그에게 이르되 여호와께서 이같이 말씀하시기를 너는 네 집에 유언하라 네가 죽고 살지 못하리라 하셨나이다 하니 히스기야가 얼굴을 벽으로 향하고 여호와께 기도하여 이르되 여호와여 구하오니 내가 주 앞에서 진실과 전심으로 행하며 주의 목전에서 선하게 행한 것을 기억하옵소서 하고 히스기야가 심히 통곡하니 이에 여호와의 말씀이 이사야에게 임하여 이르시되 너는 가서 히스기야에게 이르기를 네 조상 다윗의 하나님 여호와께서 이같이 말씀하시기를 내가 네 기도를 들었고 네 눈물을 보았노라 내가 네 수한에 십오 년을 더하고 너와 이 성을 앗수르 왕의 손에서 건져내겠고 내가 또 이 성을 보호하리라 이는 여호와께로 말미암는 너를 위한 징조이니 곧 여호와께서 하신 말씀을 그가 이루신다는 중거이니라 보라 아하스의 해시계에 나아갔던 해 그림자를 뒤로 십 도를 물러가게 하리라 하셨다 하라 하시더니 이에 해시계에 나아갔던 해의 그림자가 십 도를 물러가니라"(사 38:1-8)

기도로 하나님의 지혜를 공급받을 수 있다.

"너희 중에 누구든지 지혜가 부족하거든 모든 사람에게 후히 주시고 꾸짖지 아니하시는 하나님께 구하라 그리하면 주시리라"(약 1:5)

"하나님이 솔로몬에게 이르시되 이런 마음이 네게 있어서 부나 재물이나 영광이나 원수의 생명 멸하기를 구하지 아니하며 장수도 구하지 아니하고 오직 내가 네게 다스리게 한 내 백성을 재판하기 위하여 지혜와 지식을 구하였으니 그러므로 내가 네게 지혜와 지식을 주고 부와 재물과 영광도 주리니 네 전의 왕들도 이런 일이 없었거니와 네 후에도 이런 일이 없으리라 하시니라"(대하 1:11-12)

회개 기도로 땅이 고침을 받았다.

"내 이름으로 일컫는 내 백성이 그들의 악한 길에서 떠나 스스로 낮추고 기도하여 내 얼굴을 찾으면 내가 하늘에서 듣고 그들의 죄를 사하고 그들의 땅을 고칠지라"(대하 7:14)

베드로의 기도로 죽은 자가 일어났다.

"욥바에 다비다라 하는 여제자가 있으니 그 이름을 번역하면 도르가라 선행과 구제하는 일이 심히 많더니 그 때에 병들어 죽으매 시체를 씻어 다락에 누이니라 룻다가 욥바에서 가까운지라 제자들이 베드로가 거기 있음을 듣고 두 사람을 보내어 지체 말고 와 달라고 간청하여 베드로가 일어나 그들과 함께 가서 이르매 그들이 데리고 다락방에 올라가니 모든 과부가 베드로 곁에 서서 울며 도르가가 그들과 함께 있을 때에 지은 속옷과 겉옷을 다 내보이거늘 베드로가 사람을 다 내보내고 무릎을 꿇고 기도하고 돌이켜 시체를 향하여 이르되 다비다야 일어나라 하니 그가 눈을 떠 베드로를 보고 일어나 앉는지라"(행 9:36-40)

교회의 합심 기도로 옥에 갇힌 베드로가 풀려나왔다.

"이에 베드로는 옥에 갇혔고 교회는 그를 위하여 간절히 하나님께 기도하더라 헤롯이 잡아 내려고 하는 그 전날 밤에 베드로가 두 군인 틈에서 두 쇠사슬에 매여 누워 자는데 파수꾼들이 문 밖에서 옥을 지키더니 홀연히 주의 사자가 나타나매 옥중에 광채가 빛나며 또 베드로의 옆구리를 쳐 깨워 이르되 급히 일어나라 하니 쇠사슬이 그 손에서 벗어지더라 천사가 이르되 띠를 띠고 신을 신으라 하거늘 베드로가 그대로 하니 천사가 또 이르되 겉옷을 입고 따라오라 한 대 베드로가 나와서 따라갈새 천사가 하는 것이 생시인 줄 알지 못하고 환상을 보는가 하니라 이에 첫째와 둘째 파수를 지나 시내로 통한 쇠문에 이르니 문이 저절로 열리는지라 나와서 한 거리를 지나매 천사가 곧 떠나더라"(행 12:5-10)

에스더와 유다인의 기도가 위기에 처해 있는 민족을 살렸다.

"에스더가 모르드개에게 회답하여 이르되, 당신은 가서 수산에 있는 유다인을 다 모으고 나를 위하여 금식하되 밤낮 삼 일을 먹지도 말고 마시지도 마소서 나도 나의 시녀와 더불어 이렇게 금식한 후에 규례를 어기고 왕에게 나아가리니 죽으면 죽으리이다 하니라 모르드개가 가서 에스더가 명령한 대로 다 행하니라"(에 4:15-17)

기도로 하늘이 닫히고 열렸다.

"엘리야는 우리와 성정이 같은 사람이로되 그가 비가 오지 않기를 간절히 기도한즉 삼 년 육 개월 동안 땅에 비가 오지 아니하고 다시 기도하니 하늘이 비를 주고 땅이 열매를 맺었느니라"(약 5:17-18)

기도로 성령 충만하게 된다.

"빌기를 다하매 모인 곳이 진동하더니 무리가 다 성령이 충만하여 담대히 하나님의 말씀을 전하니라"(행 4:31)

기도로 구하는 것보다 더 많은 필요가 채워진다.

"우리 가운데서 역사하시는 능력대로 우리가 구하거나 생각하는 모든 것에 더 넘치도록 능히 하실 이에게 교회 안에서와 그리스도 예수 안에서 영광이 대대로 영원무궁하기를 원하노라 아멘"(엡 3:20-21)

"자기 아들을 아끼지 아니하시고 우리 모든 사람을 위하여 내주신 이가 어찌 그 아들과 함께 모든 것을 우리에게 주시지 아니하겠느냐"(롬 8:32)

기도로 운명을 바꿀 수 있다.

야곱은 기도로 이스라엘이라는 이름을 갖게 되었다. 야곱이 드려진 기도를 연구할 필요가 있다. 야곱의 기도는 홀로 온밤을 새우면서 드려진 기도, 전투적인 기도, 하나님과 겨루어서 이긴 기도, 전심으로 드려진 기도, 눈물의 기도(호 12:3-4), 운명을 바꾸어버린 기도(그의 이름이 야곱에서 이스라엘로 바꾸어 짐), 끈질긴 기도였다.

"야곱은 홀로 남았더니 어떤 사람이 날이 새도록 야곱과 씨름하다가 자기가 야곱을 이기지 못함을 보고 그가 야곱의 허벅지 관절을 치매 야곱의 허벅지 관절이 그 사람과 씨름할 때에 어긋났더라 그가 이르되 날이 새려하니 나로 가게 하라 야곱이 이르되 당신이 내게 축복하지 아니하면 가게 하지 아니하겠나이다 그 사람이 그에게 이르되 네 이름이 무엇이냐 그가 이르되 야곱이니이다 그가 이르되 네 이름을 다시는 야곱이라 부를 것이 아니요 이스라엘이라 부를 것이니 이는 네가 하나님과 및 사람들과 겨루어 이겼음이니라 야곱이 청하여 이르되 당신의 이름을 알려주소서 그 사람이 이르되 어찌하여 내 이름을 묻느냐 하고 거기서 야곱에게 축복한지라 그러므로 야곱이 그 곳 이름을 브니엘이라 하였으니 그가 이르기를 내가 하나님과 대면하여 보았으나 내 생명이 보전되었다 함이더라 그가 브니엘을 지날 때에 해가 돋았고 그의 허벅다리로 말미암아 절었더라 그 사람이 야곱의 허벅지 관절에 있는 둔부의 힘줄을 쳤으므로 이스라엘 사람들이 지금까지 허벅지 관절에 있는 둔부의 힘줄을 먹지 아니하더라"(창 32:24-32)

4. 기도 응답의 방해 요인들이 있다.

죄악을 품고 드리는 기도다.

"내가 나의 마음에 죄악을 품었더라면 주께서 듣지 아니하시리라"(시 66:18)

"너희가 손을 펼 때에 내가 내 눈을 너희에게서 가리고 너희가 많이 기도할지라도 내가 듣지 아니하리니 이는 너희의 손에 피가 가득함이라"(사 1:15)

"여호와의 손이 짧아 구원하지 못하심도 아니요 귀가 둔하여 듣지 못하심도 아니라 오직 너희 죄악이 너희와 너희 하나님 사이를 갈라 놓았고 너희 죄가 그의 얼굴을 가리어서 너희에게서 듣지 않으시게 함이니라"(사 59:1-2)

구체적인 죄악들은 마음에서 나오는 악한 생각들(막 7:21-23)과 하나님을 마음에 모시기를 싫어하는 모든 불의(롬 1:28-31)와 육체의 일로 나오는 죄악들(갈 5:19-21)이다.

정욕으로 드려진 기도이다(약 4:2).

의심이다(약 1:5-8).

하나님의 말씀을 불순종하면서 드려진 가증한 기도다(잠 28:9).

이웃을 긍휼히 여김이 없이 드려진 기도다(잠 21:13).

5. 응답받는 기도의 요인들이 있다.

깨끗한 마음(시 66:18-19)

믿음의 기도(약 1:5-8, 막 11:22-24)

예수 이름으로 드려진 기도(요 14:13-14)

하나님의 뜻대로 드려진 기도(요일 5:14)

성령으로 드려진 기도(엡 6:18, 롬 8:26-27)

용서하는 마음(마 6:14)

겸손히 죄를 회개하는 기도(대하 7:14)

감사하며 드리는 기도(빌 4:6-7)

합심으로 드려진 기도 (마 18:19-20)

힘써 드리는 기도(행 1:14, 눅 22:44)

간절한 마음으로 드리는 기도(눅 22:44, 행 12:5)

금식하며 드리는 기도(행 13:2-3, 단 9:3)

하나님은 기도를 들으신다(시 65:2).

사무엘 선지자는 기도를 쉬는 것은 죄로 보았다(삼상 12:23).

기도는 항상 해야 한다(눅 18:1-8).

쉬지 말고 기도하라고 하였다(살전 5:17).

그러므로 정결한 마음으로 기도해야 한다.

하나님은 우리가 구하는 것 이상으로 주시기 원하신다(엡 3:20).

기도는 어디서나 언제나 할 수 있다.

기도의 다양한 자세가 있다.

그러므로 그 어떤 문제보다도 기도하지 않는 것이 가장 큰 문제다.

기도가 대안이다.

기도가 답이다.

성도의 기도로 천사가 동원된다.

기도로 불가능의 담이 무너진다.

주님처럼 힘써 간절히 기도해야 한다.

기도하지 않으면 응답이 없다.

기도하고 기도하면 기적이 일어난다.

기도는 평생에 해야 할 성도의 필수이다(시 116:1-2).

6. 예수님과 기도

예수님은 지상 생활에서 기도를 매우 중요하게 여기셨다. 그러므로 예수님의 지상 생활에서 기도를 빼놓을 수 없다.

예수님은 새벽 미명에 기도하셨다.

"새벽 아직도 밝기 전에 예수께서 일어나 나가 한적한 곳으로 가사 거기서 기도하시더니"(막 1:35)

예수님은 침례를 받을 때 기도하셨다.

"백성이 다 침례를 받을새 예수도 침례를 받으시고 기도하실 때에 하늘이 열리며 성령이 비둘기 같은 형체로 그의 위에 강림하시더니 하늘로부터 소리가 나기를 너는 내 사랑하는 아들이라 내가 너를 기뻐하노라 하시니라"(눅 3:21-22)

예수님은 12제자를 선택하시기 전에 밤이 맞도록 기도하셨다.

"이 때에 예수께서 기도하시러 산으로 가사 밤이 새도록 하나님께 기도하시고 밝으매 그 제자들을 부르사 그 중에서 열둘을 택하여 사도라 칭하셨으니 곧 베드로라고도 이름을 주신 시몬과 그의 동생 안드레와 야고보와 요한과 빌립과 바돌로매와 마태와 도마와 알패오의 아들 야고보와 셀롯이라는 시몬과 야고보의 아들 유다와 예수를 파는 자 될 가룟 유다라"(눅 6:12-16)

예수님은 떡 다섯 개와 물고기 두 마리로 5,000명을 먹이실 때도 기도하셨다.

"무리를 명하여 잔디 위에 앉히시고 떡 다섯 개와 물고기 두 마리를 가지사 하늘을 우러러 축사하시고 떡을 떼어 제자들에게 주시매 제자들이 무리에게 주니 다 배불리 먹고 남은 조각을 열두 바구니에 차게 거두었으며 먹은 사람은 여자와 어린이 외에 오천 명이나 되었더라"(마 14:19-21)

예수님은 오병이어의 기적을 행하신 후에 무리를 보내신 후에 따로 산에 올라가 기도하셨다.

"무리를 보내신 후에 기도하러 따로 산에 올라가시니라 저물매 거기 혼자 계시더니"(마 14:23)

예수님은 떡 일곱 개와 작은 생선 두어 마리를 놓고 기도하여 4,000명을 먹이시고 남은 조각을 일곱 광주리에 차게 거두셨다.

"예수께서 제자들을 불러 이르시되 내가 무리를 불쌍히 여기노라 그들이 나와 함께 있은 지 이미 사흘이매 먹을 것이 없도다 길에서 기진할까 하여 굶겨 보내지 못하겠노라 제자들이 이르되 광야에 있어 우리가 어디서 이런 무리가 배부를 만큼 떡을 얻으리이까 예수께서 이르시되 너희에게 떡이 몇 개나 있느냐 이르되 일곱 개와 작은 생선 두어 마리가 있나이다 하거늘 예수께서 무리에게 명하사 땅에 앉게 하시고 떡 일곱 개와 그 생선을 가지사 축사하시고 떼어 제자들에게 주시니 제자들이 무리에게 주매 다 배불리 먹고 남은 조각을 일곱 광주리에 차게 거두었으며 먹은 자는 여자와 어린이 외에 사천 명이었더라"(마 15:32-38)

예수님은 따로 기도하시고 제자들에게 무리가 나를 누구라고 하느냐고 물으셨다.

"예수께서 따로 기도하실 때에 제자들이 주와 함께 있더니 물어 이르시되 무리가 나를 누구라고 하느냐"(눅 9:18)

예수님은 산에 올라가 기도하실 때 용모가 변화되었다.

"이 말씀을 하신 후 팔 일쯤 되어 예수께서 베드로와 요한과 야고보를 데리고 기도하시러 산에 올라가사 기도하실 때에 용모가 변화되고 그 옷이 희어져 광채가 나더라"(눅 9:28-29)

예수님은 한 곳에서 기도하시고 그의 제자들에게 기도의 원리와 방법을 가르치셨다.

"예수께서 한 곳에서 기도하시고 마치시매 제자 중 하나가 여짜오되 주여 요한이 자기 제자들에게 기도를 가르친 것과 같이 우리에게도 가르쳐 주옵소서 예수께서 이르시되 너희는 기도할 때에 이렇게 하라 아버지여 이름이 거룩히 여김을 받으시오며 나라가 임하시오며 우리에게 날마다 일용할 양식을 주시옵고 우리가 우리에게 죄 지은 모든 사람을 용서하오니 우리 죄도 사하여 주시옵고 우리를 시험에 들게 하지 마시옵소서 하라"(눅 11:1-4)

예수님은 십자가를 지시기 전에 겟세마네 동산에서 기도하셨다.

"예수께서 나가사 습관을 따라 감람 산에 가시매 제자들도 따라갔더니 그 곳에 이르러 그들에게 이르시되 유혹에 빠지지 않게 기도하라 하시고 그들을 떠나 돌 던질 만큼 가서 무릎을 꿇고 기도하여 이르시되 아버지여 만일 아버지의 뜻이거든 이 잔을 내게서 옮기시옵소서 그러나 내 원대로 마시옵고 아버지의 원대로 되기를 원하나이다 하시니 천사가 하늘로부터 예수께 나타나 힘을 더하더라 예수께서 힘쓰고 애써 더욱 간절히 기도하시니 땀이 땅에 떨어지는 핏방울 같이 되더라"(눅 22:38-44)

예수님은 베드로의 믿음이 떨어지지 않도록 기도하셨다.

"시몬아, 시몬아, 보라 사탄이 너희를 밀 까부르듯 하려고 요구하였으나 그러나 내가 너를 위하여 네 믿음이 떨어지지 않기를 기도하였노니 너는 돌이킨 후에 네 형제를 굳게 하라"(눅 22:31-32)

예수님은 나사로의 무덤 앞에서 기도하셨다.

"돌을 옮겨 놓으니 예수께서 눈을 들어 우러러 보시고 이르시되 아버지여 내 말을 들으신 것을 감사하나이다 항상 내 말을 들으시는 줄을 내가 알았나이다 그러나 이 말씀 하옵는 것은 둘러선 무리를 위함이니 곧 아버지께서 나를 보내신 것을 그들로 믿게 하려 함이니이다 이 말씀을 하시고 큰 소리로 나사로야 나오라 부르시니 죽은 자가 수족을 베로 동인 채로 나오는데 그 얼굴은 수건에 싸였더라 예수께서 이르시되 풀어 놓아 다니게 하라 하시니라"(요 11:41-44)

예수님은 자기를 십자가에 못 박은 자들을 위하여 기도하셨다.

"이에 예수께서 이르시되 아버지 저들을 사하여 주옵소서 자기들이 하는 것을 알지 못함이니이다 하시더라 그들이 그의 옷을 나눠 제비 뽑을새"(눅 23:34)

예수님은 십자가에서 생을 마감하시면서 성부 하나님께 기도하셨다.

"때가 제육시쯤 되어 해가 빛을 잃고 온 땅에 어둠이 임하여 제구시까지 계속하며 성소의 휘장이 한가운데가 찢어지더라 예수께서 큰 소리로 불러 이르시되 아버지 내 영혼을 아버지 손에 부탁하나이다 하고 이 말씀을 하신 후 숨지시니라"(눅 23:44-46)

예수님은 육체에 계실 때에 심한 통곡과 눈물로 간구하셨다.

"그는 육체에 계실 때에 자기를 죽음에서 능히 구원하실 이에게 심한 통곡과 눈물로 간구와 소원을 올렸고 그의 경건하심으로 말미암아 들으심을 얻었느니라"(히 5:7)

예수님은 항상 살아서 우리를 위하여 간구하시는 분이시다.

"그러므로 자기를 힘입어 하나님께 나아가는 자들을 온전히 구원하실 수 있으니 이는 그가 항상 살아 계셔서 그들을 위하여 간구하심이라"(히 7:25)
"누가 정죄하리요 죽으실 뿐 아니라 다시 살아나신 이는 그리스도 예수시니 그는 하나님 우편에 계신 자요 우리를 위하여 간구하시는 자시니라"(롬 8:34)

7. 구원받은 성도는 성령으로 충만하여 성령으로 기도해야 한다.

"이와 같이 성령도 우리의 연약함을 도우시나니 우리는 마땅히 기도할 바를 알지 못하나 오직 성령이 말할 수 없는 탄식으로 우리를 위하여 친히 간구하시느니라 마음을 살피시는 이가 성령의 생각을 아시나니 이는 성령이 하나님의 뜻대로 성도를 위하여 간구하심이니라"(롬 8:26-27)

"모든 기도와 간구를 하되 항상 성령 안에서 기도하고 이를 위하여 깨어 구하기를 항상 힘쓰며 여러 성도를 위하여 구하라"(엡 6:18)

"사랑하는 자들아 너희는 너희의 지극히 거룩한 믿음 위에 자신을 세우며 성령으로 기도하며"(유 1:20)

8. 예수님은 기도하라고 명령하셨고 기도 응답을 약속하셨다.

"구하라 그리하면 너희에게 주실 것이요 찾으라 그리하면 찾아낼 것이요 문을 두드리라 그리하면 너희에게 열릴 것이니 구하는 이마다 받을 것이요 찾는 이는 찾아낼 것이요 두드리는 이에게는 열릴 것이니라 너희 중에 누가 아들이 떡을 달라 하는데 돌을 주며 생선을 달라 하는데 뱀을 줄 사람이 있겠느냐 너희가 악한 자라도 좋은 것으로 자식에게 줄 줄 알거든 하물며 하늘에 계신 너희 아버지께서 구하는 자에게 좋은 것으로 주시지 않겠느냐 그러므로 무엇이든지 남에게 대접을 받고자 하는 대로 너희도 남을 대접하라 이것이 율법이요 선지자니라"(마 7:7-12)

기도는 염려와 낙심을 물리치는 하나님의 처방이다(빌 4:6-7).

5장 전도

하나님은 전도를 기뻐하신다.

"내가 너희에게 이르노니 이와 같이 죄인 한 사람이 회개하면 하늘에서는 회개할 것 없는 의인 아흔아홉으로 말미암아 기뻐하는 것보다 더하리라"(눅 15:7)

1. 전도가 무엇일까?

전도란 복음을 전하는 것 곧 복음을 선포하는 것이다. 예수님의 증인이 되어 복음을 전하는 것은 성도들의 선택이 아니라 필수다. "예수님의 증인이 되어 전한다"는 뜻을 가진 헬라어 "유앙겔리조(euangelizo)"라는 단어는 원래 결혼의 소식을 전하거나 또한 전쟁의 승리를 전할 때 사용하는 단어였다. 그것이 신약성경을 기록한 자들에 의해서 "예수 그리스도의 좋은 소식을 전하는 자신들의 활동을 나타내는 단어로" 사용되었다. 그러므로 전도는 성도가 부득불 해야 할 일이다.

"내가 복음을 전할지라도 자랑할 것이 없음은 내가 부득불 할 일임이라 만일 복음을 전하지 아니하면 내게 화가 있을 것이로다"(고전 9:16)

2. 복음의 구체적인 내용이 무엇인가?

성경대로 예수께서 우리 죄를 위하여 죽으시고 장사 지낸 바 되셨다고 사흘 만에 다시 살아나셨는데 누구든지 이것이 사실임을 알고 죄를 회개하고 예수님을 주님으로 믿으면 구원을 받는다는 좋은 소식이다.

"형제들아 내가 너희에게 전한 복음을 너희에게 알게 하노니 이는 너희가 받은 것이요 또 그 가운데 선 것이라 너희가 만일 내가 전한 그 말을 굳게 지키고 헛되이 믿지 아니하였으면 그로 말미암아 구원을 받으리라 내가 받은 것을 먼저 너희에게 전하였노니 이는 성경대로 그리스도께서 우리 죄를 위하여 죽으시고 장사 지낸 바 되셨다가 성경대로 사

홀 만에 다시 살아나사"(고전 15:1-4)

"네가 만일 네 입으로 예수를 주로 시인하며 또 하나님께서 그를 죽은 자 가운데서 살리신 것을 네 마음에 믿으면 구원을 받으리라 사람이 마음으로 믿어 의에 이르고 입으로 시인하여 구원에 이르느니라"(롬 10:9-10)

3. 예수께서 제자들을 선택하신 중요한 이유가 무엇일까?

예수님은 제자들을 사람을 낚는 어부가 되게 하려는 목적으로 제자를 부르셨다.

"말씀하시되 나를 따라오라 내가 너희를 사람을 낚는 어부가 되게 하리라 하시니"(마 4:19)

"또 산에 오르사 자기가 원하는 자들을 부르시니 나아온지라 이에 열둘을 세우셨으니 이는 자기와 함께 있게 하시고 또 보내사 전도도 하며 귀신을 내쫓는 권능도 가지게 하려 하심이러라"(막 3:13-15)

4. 예수님의 사역 대부분은 어떠한 사역이었는가?

예수님의 사역 대부분은 전도하는 사역이었다.

"예수께서 열두 제자에게 명하기를 마치시고 이에 그들의 여러 동네에서 가르치시며 전도하시려고 거기를 떠나 가시니라"(마 11:1)

예수님은 새벽 미명에 기도하시고 그 날 전도하셨다.

"새벽 아직도 밝기 전에 예수께서 일어나 나가 한적한 곳으로 가사 거기서 기도하시더니 시몬과 및 그와 함께 있는 자들이 예수의 뒤를 따라가 만나서 이르되 모든 사람이 주를 찾나이다 이르시되 우리가 다른 가까운 마을들로 가자 거기서도 전도하리니 내가 이를 위하여 왔노라 하시고 이에 온 갈릴리에 다니시며 그들의 여러 회당에서 전도하시고 또 귀신들을 내쫓으시더라"(막 1:35-39)

"예수께서 이르시되 내가 다른 동네들에서도 하나님의 나라 복음을 전하여야 하리니 나는 이 일을 위해 보내심을 받았노라 하시고 갈릴리 여러 회당에서 전도하시더라"(눅 4:43-44)

예수님은 여리고 세리장 삭개오를 만나 전도하셨다(눅 19:10).

예수님은 우물가의 여인에게 전도하셨다(요 4:1-42).

예수님은 그의 생애에서 전도의 본을 보이셨다.

예수님은 사람들에게 전도하실 때 "회개하고 복음을 믿으라"라고 전하셨다.

"이 때부터 예수께서 비로소 전파하여 이르시되 회개하라 천국이 가까이 왔느니라 하시더라"(마 4:17)

"이르시되 때가 찼고 하나님의 나라가 가까이 왔으니 회개하고 복음을 믿으라 하시더라"(막 1:15)

5. 예수께서 승천하시면서 어떤 명령을 하셨는가?

"그러므로 너희는 가서 모든 민족을 제자로 삼아 아버지와 아들과 성령의 이름으로 침례를 베풀고 내가 너희에게 분부한 모든 것을 가르쳐 지키게 하라 볼지어다 내가 세상 끝날까지 너희와 항상 함께 있으리라 하시니라"(마 28:19-20)

"또 이르시되 너희는 온 천하에 다니며 만민에게 복음을 전파하라"(막 16:15)

"오직 성령이 너희에게 임하시면 너희가 권능을 받고 예루살렘과

온 유대와 사마리아와 땅 끝까지 이르러 내 증인이 되리라 하시니라"(
행 1:8)

6. 왜 전도해야 하는가?

예수님의 지상명령이기 때문이다(마 28:19-20).

모든 사람이 죄인이기 때문이다(롬 3:23).

복음만이 영혼을 구원하는 능력이기 때문이다(롬 1:16-17).

지옥이 있기 때문이다(눅 16:19-31, 요 3:36).

지옥을 피할 길은 예수 믿는 길밖에 없기 때문이다(요 14:6, 행 4:12).

전도의 미련한 것으로 영혼을 구원할 수 있기 때문이다(고전 1:21).

성도는 복음에 빚진 자이기 때문이다(롬 1:14-15).

복음을 전하지 않으면 화기 있기 때문이다(고전 9:16).

복음을 전하지 않으면 복음을 들을 수 없기 때문이다(롬 10:13-15).

복음전하는 것은 가장 가치가 있는 일이기 때문이다(마 16:26).

사후에 심판이 있기 때문이다(히 9:27).

7. 복음을 믿으면 어떠한 결과가 오는가?

놀라운 특권을 얻는다.

복음을 믿음으로 말미암아 구원받은 자들이 누릴 수 있는 다양한 축복들이 있다.

성경은 영혼 구원을 다양하게 표현한다.

영생을 얻는다.

"하나님이 세상을 이처럼 사랑하사 독생자를 주셨으니 이는 그를 믿는 자마다 멸망하지 않고 영생을 얻게 하려 하심이라"(요 3:16)

구원을 얻는다.

"이르되 주 예수를 믿으라 그리하면 너와 네 집이 구원을 받으리라 하고 주의 말씀을 그 사람과 그 집에 있는 모든 사람에게 전하더라"(행 16:31-32)

"네가 만일 네 입으로 예수를 주로 시인하며 또 하나님께서 그를 죽은 자 가운데서 살리신 것을 네 마음에 믿으면 구원을 받으리라 사람이 마음으로 믿어 의에 이르고 입으로 시인하여 구원에 이르느니라"(롬 10:9-10)

"너희는 그 은혜에 의하여 믿음으로 말미암아 구원을 받았으니 이것은 너희에게서 난 것이 아니요 하나님의 선물이라 행위에서 난 것이 아니니 이는 누구든지 자랑하지 못하게 함이라"(엡 2:8-9)

"믿음의 결국 곧 영혼의 구원을 받음이라"(벧전 1:9)

하나님의 자녀가 된다(요 1:12).

사망에서 생명으로 옮겨진다(요 5:24).

성령의 인침을 받는다(엡 1:13).

새로운 피조물이 된다(고후 5:17).

신성한 성품에 참여한 자가 된다(벧후 1:4).

거듭난다(벧전 1:23).

의인이 된다(롬 8:1, 3:24-26).

하늘의 시민권을 갖게 된다(빌 3:20).

하나님의 상속자가 된다(롬 8:17).

심판을 받지 않는다(요 3:17, 5:24).

반드시 상급이 있다(고전 9:24, 전 12:13).

8. 하나님의 가장 중요한 뜻과 소원은 무엇일까?

아들을 보고 믿는 자마다 영생을 얻는 것이다.

"내 아버지의 뜻은 아들을 보고 믿는 자마다 영생을 얻는 이것이니 마지막 날에 내가 이를 다시 살리리라 하시니라"(요 6:40)

하나님은 모든 사람이 구원받기 원하신다.

"하나님은 모든 사람이 구원을 받으며 진리를 아는 데에 이르기를 원하시느니라"(딤전 2:4)

하나님은 아무도 멸망하는 것을 원치 않으신다.

"주의 약속은 어떤 이들이 더디다고 생각하는 것 같이 더딘 것이 아니라 오직 주께서는 너희를 대하여 오래 참으사 아무도 멸망하지 아니하고 다 회개하기에 이르기를 원하시느니라"(벧후 3:9)

9. 복음을 위하여 한목숨을 바칠 만큼 가치가 있는가?

성경은 "그렇다"고 답하고 있다.

"사람을 택하여 우리 주 예수 그리스도의 이름을 위하여 생명을 아끼지 아니하는 자인 우리가 사랑하는 바나바와 바울과 함께 너희에게 보내기를 만장일치로 결정하였노라"(행 15:25)

"내가 달려갈 길과 주 예수께 받은 사명 곧 하나님의 은혜의 복음을 증언하는 일을 마치려 함에는 나의 생명조차 조금도 귀한 것으로 여기지 아니하노라"(행 20:24)

"바울이 대답하되 여러분이 어찌하여 울어 내 마음을 상하게 하느냐 나는 주 예수의 이름을 위하여 결박 당할 뿐 아니라 예루살렘에서 죽을 것도 각오하였노라 하니"(행 21:13)

바울 사도는 복음을 위하여 택정함을 입었다,

"예수 그리스도의 종 바울은 사도로 부르심을 받아 하나님의 복음을 위하여 택정함을 입었으니 이 복음은 하나님이 선지자들을 통하여 그의 아들에 관하여 성경에 미리 약속하신 것이라"(롬 1:1-2)

10. 사도들과 초대교회 성도들은 어떤 경우에도 전도를 계속하였다.

"사도들은 그 이름을 위하여 능욕 받는 일에 합당한 자로 여기심을 기뻐하면서 공회 앞을 떠나니라 그들이 날마다 성전에 있든지 집에 있든지 예수는 그리스도라고 가르치기와 전도하기를 그치지 아니하니라"(행 5:41-42)

"우리는 오로지 기도하는 일과 말씀 사역에 힘쓰리라 하니"(행 6:4)

베드로의 전도

"그런즉 이스라엘 온 집은 확실히 알지니 너희가 십자가에 못 박은 이 예수를 하나님이 주와 그리스도가 되게 하셨느니라 하니라 그들이 이 말을 듣고 마음에 찔려 베드로와 다른 사도들에게 물어 이르되 형제들아 우리가 어찌할꼬 하거늘 베드로가 이르되 너희가 회개하여 각각 예수 그리스도의 이름으로 침례를 받고 죄 사함을 받으라 그리하면 성령의 선물을 받으리니 이 약속은 너희와 너희 자녀와 모든 먼 데 사람 곧 주 우리 하나님이 얼마든지 부르시는 자들에게 하신 것이라 하고 또 여러 말로 확증하며 권하여 이르되 너희가 이 패역한 세대에서 구원을 받으라 하니 그 말을 받은 사람들은 침례를 받으매 이 날에 신도의 수가 삼천이나 더하더라"(행 2:36-41)

예루살렘 교회 회중들의 전도

"빌기를 다하매 모인 곳이 진동하더니 무리가 다 성령이 충만하여 담대히 하나님의 말씀을 전하니라"(행 4:31)

빌립의 전도

"그 흩어진 사람들이 두루 다니며 복음의 말씀을 전할새 (5) 빌립이 사마리아 성에 내려가 그리스도를 백성에게 전파하니 무리가 빌립의 말도 듣고 행하는 표적도 보고 한마음으로 그가 하는 말을 따르더라"(행 8:4-6)

빌립이 에디오피아 내시에게 전도

"대답하되 지도해 주는 사람이 없으니 어찌 깨달을 수 있느냐 하고 빌립을 청하여 수레에 올라 같이 앉으라 하니라 읽는 성경 구절은 이것이니 일렀으되 그가 도살자에게로 가는 양과 같이 끌려갔고 털 깎는 자 앞에 있는 어린 양이 조용함과 같이 그의 입을 열지 아니하였도다 그가 굴욕을 당했을 때 공정한 재판도 받지 못하였으니 누가 그의 세대를 말하리요 그의 생명이 땅에서 빼앗김이로다 하였거늘 그 내시가 빌립에게 말하되 청컨대 내가 묻노니 선지자가 이 말한 것이 누구를 가리킴이냐 자기를 가리킴이냐 타인을 가리킴이냐 빌립이 입을 열어 이 글에서 시작하여 예수를 가르쳐 복음을 전하니 길 가다가 물 있는 곳에 이르러 그 내시가 말하되 보라 물이 있으니 내가 세례를 받음에 무슨 거리낌이 있느냐 이에 명하여 수레를 멈추고 빌립과 내시가 둘 다 물에 내려가 빌립이 세례를 베풀고 둘이 물에서 올라올새 주의 영이 빌립을 이끌어간지라 내시는 기쁘게 길을 가므로 그를 다시 보지 못하니라 빌립은 아소도에 나타나 여러 성을 지나 다니며 복음을 전하고 가이사랴에 이르니라"(행 8:31-40)

바울이 회심 후 곧바로 전도하였다.

"즉시로 각 회당에서 예수가 하나님의 아들이심을 전파하니 듣는 사람이 다 놀라 말하되 이 사람이 예루살렘에서 이 이름을 부르는 사람을 멸하려던 자가 아니냐 여기 온 것도 그들을 결박하여 대제사장들에게 끌어 가고자 함이 아니냐 하더라 사울은 힘을 더 얻어 예수를 그리스도라 증언하여 다메섹에 사는 유대인들을 당혹하게 하니라"(행 9:20-22)

안디옥 교회는 전도하는 교회였다.

"그 때에 스데반의 일로 일어난 환난으로 말미암아 흩어진 자들이 베니게와 구브로와 안디옥까지 이르러 유대인에게만 말씀을 전하는데 그 중에 구브로와 구레네 몇 사람이 안디옥에 이르러 헬라인에게도 말하여 주 예수를 전파하니 주의 손이 그들과 함께 하시매 수많은 사람들이

믿고 주께 돌아오더라"(행 11:19-21)

바울은 빌립보, 루스드라, 데살로니가, 베뢰아, 고린도, 에베소에서도 전도
하였다.

11. 전도는 성령의 후원으로 가능하며 교회 부흥의 요건이다.

"그리하여 온 유대와 갈릴리와 사마리아 교회가 평안하여 든든히 서
가고 주를 경외함과 성령의 위로로 진행하여 수가 더 많아지니라"(행
9:31)

성령은 예수를 증거하는 영이다.

"내가 아버지께로부터 너희에게 보낼 보혜사 곧 아버지께로부터 나
오시는 진리의 성령이 오실 때에 그가 나를 증언하실 것이요"(요 15:26)

"오직 성령이 너희에게 임하시면 너희가 권능을 받고 예루살렘과 온
유대와 사마리아와 땅 끝까지 이르러 내 증인이 되리라 하시니라"(행
1:8)

"빌기를 다하매 모인 곳이 진동하더니 무리가 다 성령이 충만하여 담대히 하나님의 말씀을 전하니라"(행 4:31)

지혜로운 자가 전도해서 사람을 얻는다.

"의인의 열매는 생명 나무라 지혜로운 자는 사람을 얻느니라"(잠 11:30)

하나님은 복음으로 영혼이 구원받는 것을 기뻐하신다.
복음을 증거하는 일은 참으로 가치가 있는 일이다.
복음 증거하는 일은 하나님이 기뻐하시는 신령한 노동이다.

6장 찬양

    찬송과 찬양의 의미는 넓은 의미로는 하나님께 감사와 영광을 돌리는 것이다. 좁은 의미로는 하나님께 올려드리는 노래나 곡을 연주하는 것이다. 찬양은 하나님의 은혜로 구원받은 성도들의 신앙 표현이다. 찬양하다는 단어의 히브리어나 헬라어는 "찬미하다, 자랑하다, 송축하다, 찬송하다, 감탄하다, 영광을 돌리다"라는 의미로 다양하게 번역되었다. 이러한 단어들은 모두 하나님께 경배와 영광을 돌리는 예배의 행위임을 보여준다.

1. 하나님은 하나님을 찬양하라고 성경 곳곳에서 명령하셨다.

"할렐루야 그의 성소에서 하나님을 찬양하며 그의 권능의 궁창에서
그를 찬양할지어다 그의 능하신 행동을 찬양하며 그의 지극히 위대하심
을 따라 찬양할지어다 나팔 소리로 찬양하며 비파와 수금으로 찬양할지
어다 소고 치며 춤 추어 찬양하며 현악과 통소로 찬양할지어다 큰 소리
나는 제금으로 찬양하며 높은 소리 나는 제금으로 찬양할지어다 호흡이
있는 자마다 여호와를 찬양할지어다 할렐루야"(시 150:1-6)

2. 하나님은 찬양을 기뻐하신다.

"내가 노래로 하나님의 이름을 찬송하며 감사함으로 하나님을 위대
하시다 하리니 이것이 소 곧 뿔과 굽이 있는 황소를 드림보다 여호와를
더욱 기쁘시게 함이 될 것이라"(시 69:30-31)

3. 하나님은 영광과 찬양을 받으시기 위하여 인간을 창조하셨다.

"내 이름으로 불려지는 모든 자 곧 내가 내 영광을 위하여 창조한 자를 오게 하라 그를 내가 지었고 그를 내가 만들었느니라"(사 43:7)

"이 백성은 내가 나를 위하여 지었나니 나를 찬송하게 하려 함이니라"(사 43:21)

4. 찬양 중에 하나님이 함께 하신다.

"이스라엘의 찬송 중에 계시는 주여 주는 거룩하시니이다"(시 22:3)

5. 찬양은 하나님께 드리는 예배행위이다.

"그러므로 우리는 예수로 말미암아 항상 찬송의 제사를 하나님께 드리자 이는 그 이름을 증언하는 입술의 열매니라"(히 13:15)

6. 다윗 시대에는 악기를 동원한 찬양대가 4,000명이나 되었다.

"사천 명은 문지기요 사천 명은 그가 여호와께 찬송을 드리기 위하여 만든 악기로 찬송하는 자들이라"(대상 23:5)

7. 찬양은 전쟁을 승리로 이끄는 데 도움이 되었다.

여호사밧 왕 시대에 찬양의 능력으로 전쟁에서 승리하였다.

"백성과 더불어 의논하고 노래하는 자들을 택하여 거룩한 예복을 입히고 군대 앞에서 행진하며 여호와를 찬송하여 이르기를 여호와께 감사하세 그의 인자하심이 영원하도다 하게 하였더니 그 노래와 찬송이 시작될 때에 여호와께서 복병을 두어 유다를 치러 온 암몬 자손과 모압과 세일 산 주민들을 치게 하시므로 그들이 패하였으니 곧 암몬과 모압 자손이 일어나 세일 산 주민들을 쳐서 진멸하고 세일 주민들을 멸한 후에는 그들이 서로 쳐죽였더라 유다 사람이 들 망대에 이르러 그 무리를 본즉 땅에 엎드러진 시체들뿐이요 한 사람도 피한 자가 없는지라"(대하 20:21-24)

8. 찬양은 어둠의 세력을 물리치는 능력이다.

"하나님께서 부리시는 악령이 사울에게 이를 때에 다윗이 수금을 들고 와서 손으로 탄즉 사울이 상쾌하여 낫고 악령이 그에게서 떠나더라"(삼상 16:23)

9. 악기로 드리는 찬양으로 하나님의 사람이 감동을 받았다.

"이제 내게로 거문고 탈 자를 불러오소서 하니라 거문고 타는 자가 거문고를 탈 때에 여호와의 손이 엘리사 위에 있더니"(왕하 3:15)

10. 찬양에는 옥에 갇힌 자들을 끌어내는 능력이 있다.

"한밤중에 바울과 실라가 기도하고 하나님을 찬송하매 죄수들이 듣더라 이에 갑자기 큰 지진이 나서 옥터가 움직이고 문이 곧 다 열리며 모든 사람의 매인 것이 다 벗어진지라"(행 16:25-26)

11. 찬양은 평생토록 해야 한다.

"내가 평생토록 여호와께 노래하며 내가 살아 있는 동안 내 하나님을 찬양하리로다"(시 104:33)

12. 시인은 하루 일곱 번 씩 찬양하였다.

"주의 의로운 규례들로 말미암아 내가 하루 일곱 번씩 주를 찬양하나이다"(시 119:164)

13. 이스라엘의 출애굽 당시에 모세와 미리암의 찬양이 있다.

"이 때에 모세와 이스라엘 자손이 이 노래로 여호와께 노래하니 일렀으되 내가 여호와를 찬송하리니 그는 높고 영화로우심이요 말과 그 탄 자를 바다에 던지셨음이로다 여호와는 나의 힘이요 노래시며 나의 구원이시로다 그는 나의 하나님이시니 내가 그를 찬송할 것이요 내 아버지의 하나님이시니 내가 그를 높이리로다 여호와는 용사시니 여호와는 그의 이름이시로다 그가 바로의 병거와 그의 군대를 바다에 던지시니 최고의 지휘관들이 홍해에 잠겼고 깊은 물이 그들을 덮으니 그들이 돌처럼 깊음 속에 가라앉았도다, 아론의 누이 선지자 미리암이 손에 소고를 잡으매 모든 여인도 그를 따라 나오며 소고를 잡고 춤추니 미리암이 그들에게 화답하여 이르되 너희는 여호와를 찬송하라 그는 높고 영화로우심이요 말과 그 탄 자를 바다에 던지셨음이로다 하였더라"(출 15:1-5, 20-21)

14. 바울은 성도의 삶에서 찬양이 중요한 이유를 에베소 교회 성도들에게 설명했다.

"찬송하리로다 하나님 곧 우리 주 예수 그리스도의 아버지께서 그리스도 안에서 하늘에 속한 모든 신령한 복을 우리에게 주시되 곧 창세 전에 그리스도 안에서 우리를 택하사 우리로 사랑 안에서 그 앞에 거룩하고 흠이 없게 하시려고 그 기쁘신 뜻대로 우리를 예정하사 예수 그리스도로 말미암아 자기의 아들들이 되게 하셨으니 이는 그가 사랑하시는 자 안에서 우리에게 거저 주시는 바 그의 은혜의 영광을 찬송하게 하려는 것이라"(엡 1:3-6)

15. 하나님께 찬양을 드리는 여러 가지 방법들이 있다.

입술로

"주의 인자하심이 생명보다 나으므로 내 입술이 주를 찬양할 것이라"(시 63:3)

영으로

"내 영혼아 여호와를 송축하라 내 속에 있는 것들아 다 그의 거룩한 이름을 송축하라"(시 103:1)

지혜의 시로

"하나님은 온 땅의 왕이심이라 지혜의 시로 찬송할지어다"(시 47:7)

기쁨으로

"골수와 기름진 것을 먹음과 같이 나의 영혼이 만족할 것이라 나의 입이 기쁜 입술로 주를 찬송하되"(시 63:5)

감사하는 마음으로

"감사함으로 여호와께 노래하며 수금으로 하나님께 찬양할지어다"(시 147:7)

항상, 날마다, 평생토록

"내가 모태에서부터 주를 의지하였으며 나의 어머니의 배에서부터 주께서 나를 택하셨사오니 나는 항상 주를 찬송하리이다"(시 71:6)

"예루살렘에 모인 이스라엘 자손이 크게 즐거워하며 칠 일 동안 무교절을 지켰고 레위 사람들과 제사장들은 날마다 여호와를 칭송하며 큰 소리 나는 악기를 울려 여호와를 찬양하였으며"(대하 30:21)

"내가 평생토록 여호와께 노래하며 내가 살아 있는 동안 내 하나님을 찬양하리로다"(시 104:33)

16. 하나님께 찬양을 드릴 때 사용된 다양한 악기들이 있었다.

나팔(트럼펫), 퉁소(풀루트), 양각나팔, 수금(하프), 비파, 소고(탬버린9, 제금(심벌즈) 등이 있다.

7장 연보

하나님을 기쁘게 해 드리는 것들 중에 하나님께 드리는 은혜 곧 연보가 있었다. 바울은 빌립보 교회 성도들에게 보낸 서신에서 하나님께 드린 선교헌금을 기뻐하신다고 하였다.

"내게는 모든 것이 있고 또 풍부한지라 에바브로디도 편에 너희가 준 것을 받으므로 내가 풍족하니 이는 받으실 만한 향기로운 제물이요 하나님을 기쁘시게 한 것이라"(빌 4:18)

하나님께 여러 가지 드리는 은혜를 통해서 가장 유익을 얻은 사람은 연보를 드리는 자신이다.

"그러나 너희가 내 괴로움에 함께 참여하였으니 잘하였도다 빌립보 사람들아 너희도 알거니와 복음의 시초에 내가 마게도냐를 떠날 때에 주고 받는 내 일에 참여한 교회가 너희 외에 아무도 없었느니라 데살로니가에 있을 때에도 너희가 한 번뿐 아니라 두 번이나 나의 쓸 것을 보내었도다 내가 선물을 구함이 아니요 오직 너희에게 유익하도록 풍성한 열매를 구함이라"(빌 4:14-17)

1. 연보란 무엇인가?

하나님의 일에 필요한 경비와 기타 필요한 것을 충당하기 위해 돈이나 물건을 드리는 헌금이다. 하나님의 뜻을 이루는 사역에 많은 필요가 있다. 그 중에 한 가지가 연보이다.

2. 예수님은 하나님의 것은 하나님께 드리라고 하셨다.

"화 있을진저 외식하는 서기관들과 바리새인들이여 너희가 박하와 회향과 근채의 십일조는 드리되 율법의 더 중한 바 정의와 긍휼과 믿음은 버렸도다 그러나 이것도 행하고 저것도 버리지 말아야 할지니라"(마 23:23)

"그러면 당신의 생각에는 어떠한지 우리에게 이르소서 가이사에게 세금을 바치는 것이 옳으니이까 옳지 아니하니이까 하니 예수께서 그들의 악함을 아시고 이르시되 외식하는 자들아 어찌하여 나를 시험하느냐 세금 낼 돈을 내게 보이라 하시니 데나리온 하나를 가져왔거늘 예수께서 말씀하시되 이 형상과 이 글이 누구의 것이냐 이르되 가이사의 것이니이다 이에 이르시되 그런즉 가이사의 것은 가이사에게, 하나님의 것은 하나님께 바치라 하시니"(마 22:17-21)

3. 하나님께 드리는 은혜 가운데 여러 가지 명목이 있다.

십일조가 있다.

십일조는 하나님께 드리는 수입의 10분의 1을 말한다. 하나님은 이스라엘 백성들에게 땅의 생산물, 나무와 과일, 소와 양의 10분의 1을 바치라고 명령하셨다.

"그리고 그 땅의 십분의 일 곧 그 땅의 곡식이나 나무의 열매는 그 십분의 일은 여호와의 것이니 여호와의 성물이라 또 만일 어떤 사람이 그의 십일조를 무르려면 그것에 오분의 일을 더할 것이요 모든 소나 양의 십일조는 목자의 지팡이 아래로 통과하는 것의 열 번째의 것마다 여호

와의 성물이 되리라"(레 27:30-32)

"너는 마땅히 매 년 토지 소산의 십일조를 드릴 것이며 네 하나님 여호와 앞 곧 여호와께서 그의 이름을 두시려고 택하신 곳에서 네 곡식과 포도주와 기름의 십일조를 먹으며 또 네 소와 양의 처음 난 것을 먹고 네 하나님 여호와 경외하기를 항상 배울 것이니라"(신 14:22-23)

그러므로 십일조는 하나님의 것이다. 십일조를 드리지 않고 내가 써 버리는 것은 하나님의 것을 도둑질하는 것이다. 하나님은 성경을 통하여 십일조를 하나님의 것이라고 하였고 하나님의 것을 도둑질하지 말라고 명령하셨다. 십일조는 하나님 백성들의 소유가 하나님의 것임을 인정하는 믿음의 행위이며 감사하는 마음으로 자발적으로 드려야 했다. 십일조를 드릴 때는 하나님이 물질의 주인이신 것을 고백하며 자신이 물질의 청지기임을 인정하는 믿음의 고백이 수반되어야 한다.

"사람이 어찌 하나님의 것을 도둑질하겠느냐 그러나 너희는 나의 것을 도둑질하고도 말하기를 우리가 어떻게 주의 것을 도둑질하였나이까 하는도다 이는 곧 십일조와 봉헌물이라 너희 곧 온 나라가 나의 것을 도둑질하였으므로 너희가 저주를 받았느니라 만군의 여호와가 이르노라 너희의 온전한 십일조를 창고에 들여 나의 집에 양식이 있게 하고 그것으로 나를 시험하여 내가 하늘 문을 열고 너희에게 복을 쌓을 곳이 없도록 붓지 아니하나 보라 만군의 여호와가 이르노라 내가 너희를 위하여 메뚜기를 금하여 너희 토지 소산을 먹어 없애지 못하게 하며 너희 밭의 포도나무 열매가 기한 전에 떨어지지 않게 하리니 너희 땅이 아름다워지므로 모든 이방인들이 너희를 복되다 하리라 만군의 여호와의 말이니라"(말 3:8-12)

십일조를 드린 사람들이 성경에 기록되어 있다.

아브라함은 모세의 율법 이전에 최초로 십일조를 하였다.

"살렘 왕 멜기세덱이 떡과 포도주를 가지고 나왔으니 그는 지극히 높으신 하나님의 제사장이었더라 그가 아브람에게 축복하여 이르되 천지의 주재이시요 지극히 높으신 하나님이여 아브람에게 복을 주옵소서 너희 대적을 네 손에 붙이신 지극히 높으신 하나님을 찬송할지로다 하매 아브람이 그 얻은 것에서 십분의 일을 멜기세덱에게 주었더라"(창 14:18-20)

야곱도 십일조에 대하여 언급하였다.

"야곱이 서원하여 이르되 하나님이 나와 함께 계셔서 내가 가는 이 길에서 나를 지키시고 먹을 떡과 입을 옷을 주시어 내가 평안히 아버지 집으로 돌아가게 하시오면 여호와께서 나의 하나님이 되실 것이요 내가 기둥으로 세운 이 돌이 하나님의 집이 될 것이요 하나님께서 내게 주신

모든 것에서 십분의 일을 내가 반드시 하나님께 드리겠나이다 하였더라"(창 28:20-22)

히스기야 왕 시대에 백성들이 거액의 십일조를 드렸다.

이러한 사실로 인하여서 백성들은 풍성하고 남음이 있었다.

"왕의 명령이 내리자 곧 이스라엘 자손이 곡식과 포도주와 기름과 꿀과 밭의 모든 소산의 첫 열매들을 풍성히 드렸고 또 모든 것의 십일조를 많이 가져왔으며 유다 여러 성읍에 사는 이스라엘과 유다 자손들도 소와 양의 십일조를 가져왔고 또 그들의 하나님 여호와께 구별하여 드릴 성물의 십일조를 가져왔으며 그것을 쌓아 여러 더미를 이루었는데 셋째 달에 그 더미들을 쌓기 시작하여 일곱째 달에 마친지라 히스기야와 방백들이 와서 쌓인 더미들을 보고 여호와를 송축하고 그의 백성 이스라엘을 위하여 축복하니라 히스기야가 그 더미들에 대하여 제사장들과 레위 사람들에게 물으니 사독의 족속 대제사장 아사랴가 그에게 대답하여 이르되 백성이 예물을 여호와의 전에 드리기 시작함으로부터 우리가 만족하게 먹었으나 남은 것이 많으니 이는 여호와께서 그의 백성에게 복을 주셨음이라 그 남은 것이 이렇게 많이 쌓였나이다"(대하 31:5-10)

성경에 십일조를 포함하여 하나님께 드리는 다양한 연보들이 있다.

십일조, 건축헌금, 각종 감사헌금, 구제 헌금, 선교헌금 등이 있다.

4. 예수님은 드리는 은혜에 대하여 관심을 보이셨다.

가난한 과부가 드린 연보를 칭찬하셨다.

"예수께서 헌금함을 대하여 앉으사 무리가 어떻게 헌금함에 돈 넣는 가를 보실새 여러 부자는 많이 넣는데 한 가난한 과부는 와서 두 렙돈 곧 한 고드란트를 넣는지라 예수께서 제자들을 불러다가 이르시되 내가 진실로 너희에게 이르노니 이 가난한 과부는 헌금함에 넣는 모든 사람보다 많이 넣었도다 그들은 다 그 풍족한 중에서 넣었거니와 이 과부는 그 가난한 중에서 자기의 모든 소유 곧 생활비 전부를 넣었느니라 하시니라"(막 12:41-44)

5. 신약교회는 연보를 드리는 날이 정해져 있었다.

"성도를 위하는 연보에 관하여는 내가 갈라디아 교회들에게 명한 것 같이 너희도 그렇게 하라 매주 첫날에 너희 각 사람이 수입에 따라 모아 두어서 내가 갈 때에 연보를 하지 않게 하라"(고전 16:1-2)

6. 연보를 드리는 자의 동기와 자세

성도가 하나님께 드리는 연보의 동기가 하나님을 사랑하는 사랑이 동기가 되어야 한다.

"내가 명령으로 하는 말이 아니요 오직 다른 이들의 간절함을 가지고 너희의 사랑의 진실함을 증명하고자 함이로라"(고후 8:8)

하나님께 드리는 연보를 통해 성도가 하나님을 사랑한다는 증명을 한다.

7. 하나님은 즐거운 마음으로 드리는 자를 사랑하신다.

"각각 그 마음에 정한 대로 할 것이요 인색함으로나 억지로 하지 말지니 하나님은 즐겨 내는 자를 사랑하시느니라"(고후 9:7)

8. 연보는 풍성하게 드리는 것이 좋다.

"오직 너희는 믿음과 말과 지식과 모든 간절함과 우리를 사랑하는 이 모든 일에 풍성한 것 같이 이 은혜에도 풍성하게 할지니라"(고후 8:7)

9. 심는 대로 거둔다는 법칙은 연보에도 적용된다.

"스스로 속이지 말라 하나님은 업신여김을 받지 아니하시나니 사람이 무엇으로 심든지 그대로 거두리라"(갈 6:7)

"어찌 나와 바나바만 일하지 아니할 권리가 없겠느냐"(고전 9:6)

10. 연보는 마음의 문제이다.

"할 마음만 있으면 있는 대로 받으실 터이요 없는 것은 받지 아니하시리라"(고후 8:12)

11. 가난한 자도 믿음의 분량대로 풍성한 연보를 드릴 수 있다.

"형제들아 하나님께서 마게도냐 교회들에게 주신 은혜를 우리가 너희에게 알리노니 환난의 많은 시련 가운데서 그들의 넘치는 기쁨과 극심한 가난이 그들의 풍성한 연보를 넘치도록 하게 하였느니라"(고후 8:1-2)

12. 하나님께 영광을 돌리는 것들 중에 연보가 있다.

"이 직무로 증거를 삼아 너희가 그리스도의 복음을 진실히 믿고 복종하는 것과 그들과 모든 사람을 섬기는 너희의 후한 연보로 말미암아 하나님께 영광을 돌리고"(고후 9:13)

13. 각종 헌금을 드리는 자들에게 하나님께서 약속하신 축복들이 있다.

십일조를 드릴 때 하나님께서 우리가 하는 일에 복을 주신다.

"만군의 여호와가 이르노라 너희의 온전한 십일조를 창고에 들여 나의 집에 양식이 있게 하고 그것으로 나를 시험하여 내가 하늘 문을 열고 너희에게 복을 쌓을 곳이 없도록 붓지 아니하나 보라 만군의 여호와가 이르노라 내가 너희를 위하여 메뚜기를 금하여 너희 토지 소산을 먹어 없애지 못하게 하며 너희 밭의 포도나무 열매가 기한 전에 떨어지지 않게 하리니 너희 땅이 아름다워지므로 모든 이방인들이 너희를 복되다 하리라 만군의 여호와의 말이니라"(말 3:10-12)

구제 헌금을 드릴 때 하나님께서 풍성하게 하신다.

"흩어 구제하여도 더욱 부하게 되는 일이 있나니 과도히 아껴도 가난하게 될 뿐이니라 구제를 좋아하는 자는 풍족하여질 것이요 남을 윤택하게 하는 자는 자기도 윤택하여지리라"(잠 11:24-25)

가난한 사람을 불쌍히 여기는 것은 하나님께 꾸어드리는 것이다.

"가난한 자를 불쌍히 여기는 것은 여호와께 꾸어 드리는 것이니 그의

선행을 그에게 갚아 주시리라"(잠 19:17)

연보를 드리는 자에게 주어진 놀라운 약속이 있다.

"우리 주 예수 그리스도의 은혜를 너희가 알거니와 부요하신 이로서 너희를 위하여 가난하게 되심은 그의 가난함으로 말미암아 너희를 부요하게 하려 하심이라"(고후 8:9)

"하나님이 능히 모든 은혜를 너희에게 넘치게 하시나니 이는 너희로 모든 일에 항상 모든 것이 넉넉하여 모든 착한 일을 넘치게 하게 하려 하심이라"(고후 9:8)

선교헌금은 하나님께 드리는 향기로운 제물이다.

"내게는 모든 것이 있고 또 풍부한지라 에바브로디도 편에 너희가 준 것을 받으므로 내가 풍족하니 이는 받으실 만한 향기로운 제물이요 하나님을 기쁘시게 한 것이라"(빌 4:18)

선교헌금은 모든 쓸 것을 공급받는 놀라운 비결이다.

"나의 하나님이 그리스도 예수 안에서 영광 가운데 그 풍성한 대로 너희 모든 쓸 것을 채우시리라"(빌 4:19)

14. 성경은 받으려면 먼저 주라고 가르친다.

"주라 그리하면 너희에게 줄 것이니 곧 후히 되어 누르고 흔들어 넘치도록 하여 너희에게 안겨 주리라 너희가 헤아리는 그 헤아림으로 너희도 헤아림을 도로 받을 것이니라"(눅 6:38)

15. 예수님은 주는 자가 받는 자 보다 더 복이 있다고 가르치셨다.

바울 사도는 예수님의 말씀을 인용하였다.

"범사에 여러분에게 모본을 보여준 바와 같이 수고하여 약한 사람들을 돕고 또 주 예수께서 친히 말씀하신 바 주는 것이 받는 것보다 복이 있다 하심을 기억하여야 할지니라"(행 20:35)

16. 예수님은 너희를 위하여 보물을 하늘에 쌓아두라고 하셨다.

"너희를 위하여 보물을 땅에 쌓아 두지 말라 거기는 좀과 동록이 해하며 도둑이 구멍을 뚫고 도둑질하느니라 오직 너희를 위하여 보물을 하늘에 쌓아 두라 거기는 좀이나 동록이 해하지 못하며 도둑이 구멍을 뚫 지도 못하고 도둑질도 못하느니라 네 보물 있는 그 곳에는 네 마음도 있 느니라"(마 6:19-21)

17. 하나님께서 주신 물질을 잘 사용해야 한다.

"네가 이 세대에서 부한 자들을 명하여 마음을 높이지 말고 정함이 없 는 재물에 소망을 두지 말고 오직 우리에게 모든 것을 후히 주사 누리게 하시는 하나님께 두며 선을 행하고 선한 사업을 많이 하고 나누어 주기 를 좋아하며 너그러운 자가 되게 하라 이것이 장래에 자기를 위하여 좋 은 터를 쌓아 참된 생명을 취하는 것이니라"(딤전 6:17-19)

18. 예수님 당시 여인들은 자기들의 소유로 예수님과 제자들을 섬겼다.

"그 후에 예수께서 각 성과 마을에 두루 다니시며 하나님의 나라를 선 포하시며 그 복음을 전하실새 열두 제자가 함께 하였고 또한 악귀를 쫓 아내심과 병 고침을 받은 어떤 여자들 곧 일곱 귀신이 나간 자 막달라인이라 하는 마리아와 헤롯의 청지기 구사의 아내 요안나와 수산나와 다른 여러 여자가 함께 하여 자기들의 소유로 그들을 섬기더라"(눅 8:1-3)

19. 바나바는 하나님의 사역을 위하여 필요를 제공했다.

"구브로에서 난 레위족 사람이 있으니 이름은 요셉이라 사도들이 일컬어 바나바라(번역하면 위로의 아들이라) 하니 그가 밭이 있으매 팔아 그 값을 가지고 사도들의 발 앞에 두니라"(행 4:36-37)

20. 다윗은 하나님의 성전을 위하여 힘에 지나도록 드렸다.

다윗은 하나님의 집 곧 성전을 위하여 건축에 필요한 물질을 드렸다.

"다윗 왕이 온 회중에게 이르되 내 아들 솔로몬이 유일하게 하나님께서 택하신 바 되었으나 아직 어리고 미숙하며 이 공사는 크도다 이 성전은 사람을 위한 것이 아니요 여호와 하나님을 위한 것이라 내가 이미 내 하나님의 성전을 위하여 힘을 다하여 준비하였나니 곧 기구를 만들 금과 은과 놋과 철과 나무와 또 마노와 가공할 검은 보석과 채석과 다른 모든 보석과 옥돌이 매우 많으며 성전을 위하여 준비한 이 모든 것 외에도 내 마음이 내 하나님의 성전을 사모하므로 내가 사유한 금, 은으로 내 하나님의 성전을 위하여 드렸노니 곧 오빌의 금 삼천 달란트와 순은 칠천 달란트라 모든 성전 벽에 입히며 금, 은 그릇을 만들며 장인의 손으로 하는 모든 일에 쓰게 하였노니 오늘 누가 즐거이 손에 채워 여호와께 드리겠느냐 하는지라"(대상 29:1-5)

제2부 예수 그리스도

1장 예수 그리스도의 탄생

예수님은 하나님이시다. 천지와 우주 만물을 창조하신 전능하신 하나님이시다. 예수가 하나님이신 사실은 성경 곳곳에서 말씀하고 있다. 하나님이신 분이 이 세상에 사람의 모습으로 태어나신 분이 예수님이다. 예수는 성경의 중심인물이요 기독교 신앙의 핵심이다. 하나님께서 사람의 모습으로 오신이가 곧 예수님이다.

"하나님은 한 분이시요 또 하나님과 사람 사이에 중보자도 한 분이시니 곧 사람이신 그리스도 예수라"(딤전 2:5)

예수님의 탄생은 보통 사람들과 다르다.

예수님은 동정녀 마리아 곧 처녀의 몸에 잉태되어 탄생하셨다.

1. 예수의 탄생은 성경에 미리 예언되었다.

"내가 너로 여자와 원수가 되게 하고 네 후손도 여자의 후손과 원수가 되게 하리니 여자의 후손은 네 머리를 상하게 할 것이요 너는 그의 발꿈치를 상하게 할 것이니라 하시고"(창 3:15)

"여호와께서 아브람에게 이르시되 너는 너의 고향과 친척과 아버지의 집을 떠나 내가 네게 보여 줄 땅으로 가라 내가 너로 큰 민족을 이루고 네게 복을 주어 네 이름을 창대하게 하리니 너는 복이 될지라 너를 축복하는 자에게는 내가 복을 내리고 너를 저주하는 자에게는 내가 저주하리니 땅의 모든 족속이 너로 말미암아 복을 얻을 것이라 하신지라"(창 12:1-3)

"그러므로 주께서 친히 징조를 너희에게 주실 것이라 보라 처녀가 잉태하여 아들을 낳을 것이요 그의 이름을 임마누엘이라 하리라"(사 7:14)

"이는 한 아기가 우리에게 났고 한 아들을 우리에게 주신 바 되었는데 그의 어깨에는 정사를 메었고 그의 이름은 기묘자라, 모사라, 전능하신 하나님이라, 영존하시는 아버지라, 평강의 왕이라 할 것임이라"(사 9:6)

"이새의 줄기에서 한 싹이 나며 그 뿌리에서 한 가지가 나서 결실할 것이요 그의 위에 여호와의 영 곧 지혜와 총명의 영이요 모략과 재능의 영이요 지식과 여호와를 경외하는 영이 강림하시리니"(사 11:1-2)

"베들레헴 에브라다야 너는 유다 족속 중에 작을지라도 이스라엘을 다스릴 자가 네게서 내게로 나올 것이라 그의 근본은 상고에, 영원에 있느니라"(미 5:2)

2. 예수는 성경의 약속대로 처녀의 몸, 곧 여자의 몸에서 탄생하셨다.

"예수 그리스도의 나심은 이러하니라 그의 어머니 마리아가 요셉과 약혼하고 동거하기 전에 성령으로 잉태된 것이 나타났더니 그의 남편 요셉은 의로운 사람이라 그를 드러내지 아니하고 가만히 끊고자 하여 이 일을 생각할 때에 주의 사자가 현몽하여 이르되 다윗의 자손 요셉아 네 아내 마리아 데려오기를 무서워하지 말라 그에게 잉태된 자는 성령으로 된 것이라 아들을 낳으리니 이름을 예수라 하라 이는 그가 자기 백성을 그들의 죄에서 구원할 자이심이라 하니라 이 모든 일이 된 것은 주께서 선지자로 하신 말씀을 이루려 하심이니 이르시되 보라 처녀가 잉태하여 아들을 낳을 것이요 그의 이름은 임마누엘이라 하리라 하셨으니 이를 번역한즉 하나님이 우리와 함께 계시다 함이라 요셉이 잠에서 깨어 일어나 주의 사자의 분부대로 행하여 그의 아내를 데려왔으나 아들을 낳기까지 동침하지 아니하더니 낳으매 이름을 예수라 하니라"(마 1:18-25)

"때가 차매 하나님이 그 아들을 보내사 여자에게서 나게 하시고 율법 아래에 나게 하신 것은 율법 아래에 있는 자들을 속량하시고 우리로 아들의 명분을 얻게 하려 하심이라"(갈 4:4-5)

3. 예수는 아브라함과 다윗의 후손으로 이 세상에 사람의 모습으로 오셨다.

"아브라함과 다윗의 자손 예수 그리스도의 계보라"(마 1:1)

"그의 아들에 관하여 말하면 육신으로는 다윗의 혈통에서 나셨고 성결의 영으로는 죽은 자들 가운데서 부활하사 능력으로 하나님의 아들로 선포되셨으니 곧 우리 주 예수 그리스도시니라"(롬 1:3-4)

4. 사람의 모습으로 오신 예수의 이름의 뜻은 "구원자"라는 뜻이다.

"아들을 낳으리니 이름을 예수라 하라 이는 그가 자기 백성을 그들의 죄에서 구원할 자이심이라 하니라"(마 1:21)

5. 하나님께서 사람의 모습으로 오신 이가 예수님이다.

"보라 처녀가 잉태하여 아들을 낳을 것이요 그의 이름은 임마누엘이라 하리라 하셨으니 이를 번역한즉 하나님이 우리와 함께 계시다 함이라"(마 1:23)

"말씀이 육신이 되어 우리 가운데 거하시매 우리가 그의 영광을 보니 아버지의 독생자의 영광이요 은혜와 진리가 충만하더라"(요 1:14)

6. 예수님은 죄인을 구원할 목적으로 구주로 이 땅에 오셨다.

"미쁘다 모든 사람이 받을 만한 이 말이여 그리스도 예수께서 죄인을 구원하시려고 세상에 임하셨다 하였도다 죄인 중에 내가 괴수니라"(딤전 1:15)

7. 예수께서 마귀의 일을 멸하시기 위해 이 세상에 오셨다.

"자녀들은 혈과 육에 속하였으매 그도 또한 같은 모양으로 혈과 육을 함께 지니심은 죽음을 통하여 죽음의 세력을 잡은 자 곧 마귀를 멸하시며"(히 2:14)

8. 아담의 범죄로 인하여 모든 사람에게 구주가 필요하여 예수님은 온 세상의 구주로 오셨다.

"인자가 온 것은 잃어버린 자를 찾아 구원하려 함이니라"(눅 19:10)

9. 예수가 사람인 다양한 증거들이 있다.

예수는 육신의 부모가 있었다(요 2:41-51).

예수는 탄생한 장소가 있었다(마 2:1).

예수는 음식을 잡수셨다(눅 7:33-34).

예수는 지혜와 키가 자랐다(눅 2:52).

예수는 행로에 피곤하였다(요 4:6).

예수는 주무셨다(막 4:38).

예수는 우셨다(히 5:7, 요 11:35).

예수는 마귀에게 시험을 당하셨다(마 4:1-11).

예수는 사람처럼 육신의 형제가 있었다(마 13:55).

예수는 성부 하나님께 기도하셨다(눅 6:12).

예수는 사람처럼 감정을 가지셨고 하나님께 감사하였다(요 11:41).

예수는 사람처럼 죽음을 맛보았다(히 2:9).

예수는 일하셨다(요 5:17).

10. 예수님은 죄가 없으신 분이시다.

"그러므로 우리에게 큰 대제사장이 계시니 승천하신 이 곧 하나님의 아들 예수시라 우리가 믿는 도리를 굳게 잡을지어다 우리에게 있는 대제사장은 우리의 연약함을 동정하지 못하실 이가 아니요 모든 일에 우리와 똑같이 시험을 받으신 이로되 죄는 없으시니라"(히 4:14-15)

2장 예수 그리스도의 죽으심

예수는 인류의 죄짐을 지시고 십자가에서 죽으셨다. 타락한 인간들을 죄에서 구원하실 목적으로 사람의 모습으로 오신 예수는 십자가에서 피 흘려 죽으셨다.

1. 예수는 타락한 인간을 구원하실 목적으로 십자가에서 죽으셨다.

"내가 너로 여자와 원수가 되게 하고 네 후손도 여자의 후손과 원수가 되게 하리니 여자의 후손은 네 머리를 상하게 할 것이요 너는 그의 발꿈치를 상하게 할 것이니라 하시고"(창 3:15)

2. 예수가 흘린 십자가의 피가 온 인류의 죄짐을 담당하였다.

"친히 나무에 달려 그 몸으로 우리 죄를 담당하셨으니 이는 우리로 죄에 대하여 죽고 의에 대하여 살게 하려 하심이라 그가 채찍에 맞음으로 너희는 나음을 얻었나니"(벧전 2:24)

"그는 실로 우리의 질고를 지고 우리의 슬픔을 당하였거늘 우리는 생각하기를 그는 징벌을 받아 하나님께 맞으며 고난을 당한다 하였노라 그가 찔림은 우리의 허물 때문이요 그가 상함은 우리의 죄악 때문이라 그가 징계를 받으므로 우리는 평화를 누리고 그가 채찍에 맞으므로 우리는 나음을 받았도다 우리는 다 양 같아서 그릇 행하여 각기 제 길로 갔거늘 여호와께서는 우리 모두의 죄악을 그에게 담당시키셨도다"(사 53:4-6)

"또 충성된 증인으로 죽은 자들 가운데에서 먼저 나시고 땅의 임금들의 머리가 되신 예수 그리스도로 말미암아 은혜와 평강이 너희에게 있기를 원하노라 우리를 사랑하사 그의 피로 우리 죄에서 우리를 해방하시고"(계 1:5)

"우리는 그리스도 안에서 그의 은혜의 풍성함을 따라 그의 피로 말미암아 속량 곧 죄 사함을 받았느니라"(엡 1:7)

"염소와 송아지의 피로 하지 아니하고 오직 자기의 피로 영원한 속죄를 이루사 단번에 성소에 들어가셨느니라 염소와 황소의 피와 및 암송아지의 재를 부정한 자에게 뿌려 그 육체를 정결하게 하여 거룩하게 하거든 하물며 영원하신 성령으로 말미암아 흠 없는 자기를 하나님께 드린 그리스도의 피가 어찌 너희 양심을 죽은 행실에서 깨끗하게 하고 살아 계신 하나님을 섬기게 하지 못하겠느냐"(히 9:12-14)

"이와 같이 그리스도도 많은 사람의 죄를 담당하시려고 단번에 드리신 바 되셨고 구원에 이르게 하기 위하여 죄와 상관 없이 자기를 바라는 자들에게 두 번째 나타나시리라"(히 9:28)

3. 예수는 십자가에서 죽으실 것을 말씀하셨다.

"이 때로부터 예수 그리스도께서 자기가 예루살렘에 올라가 장로들과 대제사장들과 서기관들에게 많은 고난을 받고 죽임을 당하고 제삼일에 살아나야 할 것을 제자들에게 비로소 나타내시니"(마 16:21)

"예수께서 대답하여 이르시되 너희가 이 성전을 헐라 내가 사흘 동안에 일으키리라 유대인들이 이르되 이 성전은 사십육 년 동안에 지었거늘 네가 삼 일 동안에 일으키겠느냐 하더라"(요 2:19-20)

4. 예수 그리스도의 십자가의 도가 영혼을 구원하는 능력이다.

"십자가의 도가 멸망하는 자들에게는 미련한 것이요 구원을 받는 우리에게는 하나님의 능력이라"(고전 1:18)

5. 예수 십자가의 피가 죄 문제를 해결하는 능력이라는 사실을 이 세상이 몰랐다.

"그러나 우리가 온전한 자들 중에서는 지혜를 말하노니 이는 이 세상의 지혜가 아니요 또 이 세상에서 없어질 통치자들의 지혜도 아니요 오직 은밀한 가운데 있는 하나님의 지혜를 말하는 것으로서 곧 감추어졌던 것인데 하나님이 우리의 영광을 위하여 만세 전에 미리 정하신 것이라 이 지혜는 이 세대의 통치자들이 한 사람도 알지 못하였나니 만일 알았더라면 영광의 주를 십자가에 못 박지 아니하였으리라"(고전 2:6-8)

6. 십자가의 복음을 통해서 죄 용서받은 사람은 바울 사도와 같이 십자가를 자랑한다.

"그러나 내게는 우리 주 예수 그리스도의 십자가 외에 결코 자랑할 것이 없으니 그리스도로 말미암아 세상이 나를 대하여 십자가에 못 박히고 내가 또한 세상을 대하여 그러하니라"(갈 6:14)

7. 십자가는 예수께서 나 같은 죄인을 위하여 저주 받은 장소이다.

"그리스도께서 우리를 위하여 저주를 받은 바 되사 율법의 저주에서 우리를 속량하셨으니 기록된 바 나무에 달린 자마다 저주 아래에 있는 자라 하였음이라"(갈 3:13)

8. 십자가는 죄인을 사랑하신 하나님 사랑의 최고봉이다.

"우리가 아직 죄인 되었을 때에 그리스도께서 우리를 위하여 죽으심으로 하나님께서 우리에 대한 자기의 사랑을 확증하셨느니라"(롬 5:8)

"하나님이 세상을 이처럼 사랑하사 독생자를 주셨으니 이는 그를 믿는 자마다 멸망하지 않고 영생을 얻게 하려 하심이라"(요 3:16)

9. 예수의 십자가의 죽음은 대속의 죽음이다.

"하나님이 죄를 알지도 못하신 이를 우리를 대신하여 죄로 삼으신 것은 우리로 하여금 그 안에서 하나님의 의가 되게 하려 하심이라"(고후 5:21)

10. 십자가는 사탄이 패배한 장소이다.

"내가 너로 여자와 원수가 되게 하고 네 후손도 여자의 후손과 원수가 되게 하리니 여자의 후손은 네 머리를 상하게 할 것이요 너는 그의 발꿈치를 상하게 할 것이니라 하시고"(창 3:15)

"또 범죄와 육체의 무할례로 죽었던 너희를 하나님이 그와 함께 살리시고 우리의 모든 죄를 사하시고 우리를 거스르고 불리하게 하는 법조문으로 쓴 증서를 지우시고 제하여 버리사 십자가에 못 박으시고 통치자들과 권세들을 무력화하여 드러내어 구경거리로 삼으시고 십자가로 그들을 이기셨느니라"(골 2:13-15)

11. 예수는 십자가에서 화목제물로 죽으셨다.

"곧 우리가 원수 되었을 때에 그의 아들의 죽으심으로 말미암아 하나님과 화목하게 되었은즉 화목하게 된 자로서는 더욱 그의 살아나심으로 말미암아 구원을 받을 것이니라"(롬 5:10)

12. 십자가는 우리 성도들이 전해야 할 복음의 진수이다.

"내가 그리스도와 함께 십자가에 못 박혔나니 그런즉 이제는 내가 사는 것이 아니요 오직 내 안에 그리스도께서 사시는 것이라 이제 내가 육체 가운데 사는 것은 나를 사랑하사 나를 위하여 자기 자신을 버리신 하나님의 아들을 믿는 믿음 안에서 사는 것이라"(갈 2:20)

13. 십자가는 예수 믿는 자의 영원한 속죄가 이루어진 곳이다.

"오직 그리스도는 죄를 위하여 한 영원한 제사를 드리시고 하나님 우편에 앉으사 그 후에 자기 원수들을 자기 발등상이 되게 하실 때까지 기다리시나니 그가 거룩하게 된 자들을 한 번의 제사로 영원히 온전하게 하셨느니라"(히 10:12-14)

3장 예수 그리스도의 부활

부활이란 죽었다가 다시 영원히 살아나는 것을 말한다. 죽은 자가 다시 죽을 몸으로 되돌아가는 소생과 부활은 다르다. 죽은 자의 부활이 있다. 이 일은 하나님이 이루실 일이다. 하나님은 성도의 부활에 대하여 말씀하셨다(고전 15:4, 52).

사람이 죽음으로 끝나는 것이 아니다. 죽음 후에는 잠자던 성도들이 예수님 공중 강림하실 때 부활한다. 부활이 있다. 생명의 부활과 심판의 부활이 있다.

"이를 놀랍게 여기지 말라 무덤 속에 있는 자가 다 그의 음성을 들을 때가 오나니 선한 일을 행한 자는 생명의 부활로, 악한 일을 행한 자는 심판의 부활로 나오리라"(요 5:28-29)

1. 기독교의 핵심은 예수님의 십자가 대속의 죽으심과 부활이다.

"예수는 우리가 범죄한 것 때문에 내줌이 되고 또한 우리를 의롭다 하시기 위하여 살아나셨느니라"(롬 4:25)

예수님의 죽으심과 부활은 성도가 동등하게 전해야 할 주제다.

2. 예수님은 부활이요 생명이시다.

"예수께서 이르시되 나는 부활이요 생명이니 나를 믿는 자는 죽어도 살겠고 무릇 살아서 나를 믿는 자는 영원히 죽지 아니하리니 이것을 네가 믿느냐"(요 11:25-26)

3. 예수님은 승천하신 후에도 그가 곧 부활의 생명이심을 말씀하셨다.

"곧 살아 있는 자라 내가 전에 죽었었노라 볼지어다 이제 세세토록 살아 있어 사망과 음부의 열쇠를 가졌노니"(계 1:18)

4. 예수님은 부활의 첫 열매로 부활하셨다.

"그러나 이제 그리스도께서 죽은 자 가운데서 다시 살아나사 잠자는 자들의 첫 열매가 되셨도다" (고전 15:20)

5. 만일 부활이 없다면 믿는 성도가 더욱 불쌍한 자가 된다.

"만일 그리스도 안에서 우리가 바라는 것이 다만 이 세상의 삶뿐이면 모든 사람 가운데 우리가 더욱 불쌍한 자이리라"(고전 15:19)

6. 부활은 성경에 약속된 약속의 성취이다.

"이는 주께서 내 영혼을 스올에 버리지 아니하시며 주의 거룩한 자를 멸망시키지 않으실 것임이니이다"(시 16:10)

"이 때로부터 예수 그리스도께서 자기가 예루살렘에 올라가 장로들과 대제사장들과 서기관들에게 많은 고난을 받고 죽임을 당하고 제삼일에 살아나야 할 것을 제자들에게 비로소 나타내시니"(마 16:21)

"예수께서 대답하여 이르시되 너희가 이 성전을 헐라 내가 사흘 동안에 일으키리라 유대인들이 이르되 이 성전은 사십육 년 동안에 지었거늘 네가 삼 일 동안에 일으키겠느냐 하더라 그러나 예수는 성전된 자기 육체를 가리켜 말씀하신 것이라"(요 2:19-21)

7. 사도들은 예수 부활을 전하였다.

"사도들이 백성에게 말할 때에 제사장들과 성전 맡은 자와 사두개인들이 이르러 예수 안에 죽은 자의 부활이 있다고 백성을 가르치고 전함을 싫어하여 그들을 잡으매 날이 이미 저물었으므로 이튿날까지 가두었으나 말씀을 들은 사람 중에 믿는 자가 많으니 남자의 수가 약 오천이나 되었더라"(행 4:1-4)

8. 예수의 부활을 목격한 수많은 사람들이 있었다.

"내가 받은 것을 먼저 너희에게 전하였노니 이는 성경대로 그리스도께서 우리 죄를 위하여 죽으시고 장사 지낸 바 되셨다가 성경대로 사흘만에 다시 살아나사 게바에게 보이시고 후에 열두 제자에게와 그 후에 오백여 형제에게 일시에 보이셨나니 그 중에 지금까지 대다수는 살아 있고 어떤 사람은 잠들었으며 그 후에 야고보에게 보이셨으며 그 후에 모든 사도에게와 맨 나중에 만삭되지 못하여 난 자 같은 내게도 보이셨느니라"(고전 15:3-8)

9. 예수는 육체로 부활하셨다.

"이 말을 할 때에 예수께서 친히 그들 가운데 서서 이르시되 너희에게 평강이 있을지어다 하시니 그들이 놀라고 무서워하여 그 보는 것을 영으로 생각하는지라 예수께서 이르시되 어찌하여 두려워하며 어찌하여 마음에 의심이 일어나느냐 내 손과 발을 보고 나인 줄 알라 또 나를 만져 보라 영은 살과 뼈가 없으되 너희 보는 바와 같이 나는 있느니라"(눅 24:36-39)

10. 성도는 주님 재림하실 때 신비한 몸으로 부활한다.

"보라 내가 너희에게 비밀을 말하노니 우리가 다 잠 잘 것이 아니요 마지막 나팔에 순식간에 홀연히 다 변화되리니 나팔 소리가 나매 죽은 자들이 썩지 아니할 것으로 다시 살아나고 우리도 변화되리라 이 썩을 것이 반드시 썩지 아니할 것을 입겠고 이 죽을 것이 죽지 아니함을 입으리로다 이 썩을 것이 썩지 아니함을 입고 이 죽을 것이 죽지 아니함을 입을 때에는 사망을 삼키고 이기리라고 기록된 말씀이 이루어지리라"(고전 15:51-54)

11. 바울은 죽은 자의 소망 곧 부활을 전하였다.

"바울이 그 중 일부는 사두개인이요 다른 일부는 바리새인인 줄 알고 공회에서 외쳐 이르되 여러분 형제들아 나는 바리새인이요 또 바리새인의 아들이라 죽은 자의 소망 곧 부활로 말미암아 내가 심문을 받노라"(행 23:6)

12. 주님 재림하시면 죽은 자들이 먼저 일어난다.

"주께서 호령과 천사장의 소리와 하나님의 나팔 소리로 친히 하늘로부터 강림하시니 그리스도 안에서 죽은 자들이 먼저 일어나고 그 후에 우리 살아 남은 자들도 그들과 함께 구름 속으로 끌어 올려 공중에

서 주를 영접하게 하시리니 그리하여 우리가 항상 주와 함께 있으리라"(살전 4:16-17)

13. 구약 성경에 나타난 욥도 죽은 자의 부활을 믿었다.

"내가 알기에는 나의 대속자가 살아 계시니 마침내 그가 땅 위에 서실 것이라 내 가죽이 벗김을 당한 뒤에도 내가 육체 밖에서 하나님을 보리라"(욥 19:25-26)

14. 성경 곳곳에 부활 신앙을 말씀하고 있다.

"땅의 티끌 가운데에서 자는 자 중에서 많은 사람이 깨어나 영생을 받는 자도 있겠고 수치를 당하여서 영원히 부끄러움을 당할 자도 있을 것이며 지혜 있는 자는 궁창의 빛과 같이 빛날 것이요 많은 사람을 옳은 데로 돌아오게 한 자는 별과 같이 영원토록 빛나리라"(단 12:2-3)

"만군의 여호와께서 이 산에서 만민을 위하여 기름진 것과 오래 저장하였던 포도주로 연회를 베푸시리니 곧 골수가 가득한 기름진 것과 오래 저장하였던 맑은 포도주로 하실 것이며 또 이 산에서 모든 민족의 얼굴을 가린 가리개와 열방 위에 덮인 덮개를 제하시며 사망을 영원히 멸하실 것이라 주 여호와께서 모든 얼굴에서 눈물을 씻기시며 자기 백성의 수치를 온 천하에서 제하시리라 여호와께서 이같이 말씀하셨느니라"(사 25:6-8)

15. 예수가 부활하셨을 때 여인들과 열 한 제자들은 경배로 반응하였다.

"예수께서 그들을 만나 이르시되 평안하냐 하시거늘 여자들이 나아가 그 발을 붙잡고 경배하니, 열한 제자가 갈릴리에 가서 예수께서 지시하신 산에 이르러 예수를 뵈옵고 경배하나 아직도 의심하는 사람들이 있더라"(마 28:9, 16-17)

16. 예수의 부활이 사실임을 나타내 보이는 많은 증거들이 있다.

비어 있는 무덤(눅 24:1-3)

무덤에 있던 천사의 증언(마 28:5-6)

수많은 부활의 목격자들(게바, 오백여 형제, 야고보, 바울 등)

사도들의 증거(행 2:32, 3:15)

오늘날 우리가 모이고 있는 주일(행 20;7, 고전 16:2)

그러므로 예수의 부활은 사실이다. 성경이 증명하고 성령이 예수 부활을 증거 하였다.

17. 예수는 부활하신 후 40일 동안 사역하셨다.

하나님 나라의 일을 말씀하셨다.

"그가 고난 받으신 후에 또한 그들에게 확실한 많은 증거로 친히 살아 계심을 나타내사 사십 일 동안 그들에게 보이시며 하나님 나라의 일을 말씀하시니라"(행 1:3)

엠마오로 가는 두 제자에게 나타나셔서 모세와 선지자들을 통하여 자기에 대하여 기록된 성경을 풀어 말씀하셨다(눅 24:18-35).

두려움에 떨고 있는 제자들에게 나타나셔서 평강을 선포하셨다. (요 20:19-21)

디베랴 바다에서 제자들에게 나타나셨다(요 21:1-14).

베드로에게 나타나셔서 내 양을 먹이라고 하셨다(요 21:15-17).

감람산에 마지막으로 나타나시고 승천하셨다(막 16:19).

예수 다시 오실 때
주 안에서 잠자던 성도들이 깨어나
공중에서 주님을 영접하게 될 것이다.
이 얼마나 놀라운 일인가!
예수 십자가 대속의 죽으심과 부활을 전하자.

18. 예수 그리스도의 십자가의 대속의 죽으심과 부활을 믿는 자는 구원을 받는다.

"예수는 우리가 범죄한 것 때문에 내줌이 되고 또한 우리를 의롭다 하시기 위하여 살아나셨느니라"(롬 4:25)

"네가 만일 네 입으로 예수를 주로 시인하며 또 하나님께서 그를 죽은 자 가운데서 살리신 것을 네 마음에 믿으면 구원을 받으리라 사람이 마음으로 믿어 의에 이르고 입으로 시인하여 구원에 이르느니라"(롬 10:9-10)

4장 예수 그리스도의 승천

승천이란 몸이 하늘로 올리워 지는 것을 말한다. 성경에서 몸이 하늘로 올리워 지는 것을 경험한 에녹과 엘리야가 있었다.

"에녹이 하나님과 동행하더니 하나님이 그를 데려가시므로 세상에 있지 아니하였더라"(창 5:24)

"두 사람이 길을 가며 말하더니 불수레와 불말들이 두 사람을 갈라놓고 엘리야가 회오리 바람으로 하늘로 올라가더라"(왕하 2:11)

1. 예수님은 부활하신 후 40일 동안 지상에 계시다가 승천하셨다.

"그가 고난 받으신 후에 또한 그들에게 확실한 많은 증거로 친히 살아 계심을 나타내사 사십 일 동안 그들에게 보이시며 하나님 나라의 일을 말씀하시니라 사도와 함께 모이사 그들에게 분부하여 이르시되 예루살렘을 떠나지 말고 내게서 들은 바 아버지께서 약속하신 것을 기다리라 요한은 물로 세례를 베풀었으나 너희는 몇 날이 못되어 성령으로 세례를 받으리라 하셨느니라 그들이 모였을 때에 예수께 여쭈어 이르되 주께서 이스라엘 나라를 회복하심이 이 때니이까 하니 이르시되 때와 시기는 아버지께서 자기의 권한에 두셨으니 너희가 알 바 아니요 오직 성령이 너희에게 임하시면 너희가 권능을 받고 예루살렘과 온 유대와 사마리아와 땅 끝까지 이르러 내 증인이 되리라 하시니라 이 말씀을 마치시고 그들이 보는데 올려져 가시니 구름이 그를 가리어 보이지 않게 하더라 올라가실 때에 제자들이 자세히 하늘을 쳐다보고 있는데 흰 옷 입은 두 사람이 그들 곁에 서서 이르되 갈릴리 사람들아 어찌하여 서서 하늘을 쳐다보느냐 너희 가운데서 하늘로 올려지신 이 예수는 하늘로 가심을 본 그대로 오시리라 하였느니라"(행 1:3-11)

2. 예수 그리스도의 승천은 성경 예언의 성취이다.

"주께서 높은 곳으로 오르시며 사로잡은 자들을 취하시고 선물들을 사람들에게서 받으시며 반역자들로부터도 받으시니 여호와 하나님이 그들과 함께 계시기 때문이로다"(시 68:18)

"여호와께서 내 주에게 말씀하시기를 내가 네 원수들로 네 발판이 되게 하기까지 너는 내 오른쪽에 앉아 있으라 하셨도다"(시 110:1)

예수께서 승천하신다는 말씀을 하셨다.

"예수께서 이르시되 나를 붙들지 말라 내가 아직 아버지께로 올라가지 아니하였노라 너는 내 형제들에게 가서 이르되 내가 내 아버지 곧 너희 아버지, 내 하나님 곧 너희 하나님께로 올라간다 하라 하시니"(요 20:17)

"너희는 마음에 근심하지 말라 하나님을 믿으니 또 나를 믿으라 내 아버지 집에 거할 곳이 많도다 그렇지 않으면 너희에게 일렀으리라 내가 너희를 위하여 거처를 예비하러 가노니 가서 너희를 위하여 거처를 예비하면 내가 다시 와서 너희를 내게로 영접하여 나 있는 곳에 너희도 있게 하리라"(요 14:1-3)

3. 예수 그리스도의 승천은 영체가 아니라 육신이 있는 몸으로 승천하셨다.

"이 말씀을 마치시고 그들이 보는데 올려져 가시니 구름이 그를 가리어 보이지 않게 하더라 올라가실 때에 제자들이 자세히 하늘을 쳐다보고 있는데 흰 옷 입은 두 사람이 그들 곁에 서서 이르되 갈릴리 사람들아 어찌하여 서서 하늘을 쳐다보느냐 너희 가운데서 하늘로 올려지신 이 예수는 하늘로 가심을 본 그대로 오시리라 하였느니라"(행 1:9-11)

4. 구원받은 성도는 하늘로 올리워 지는 것을 경험할 때가 있다.

"주께서 호령과 천사장의 소리와 하나님의 나팔 소리로 친히 하늘로부터 강림하시리니 그리스도 안에서 죽은 자들이 먼저 일어나고 그 후에 우리 살아 남은 자들도 그들과 함께 구름 속으로 끌어 올려 공중에서 주를 영접하게 하시리니 그리하여 우리가 항상 주와 함께 있으리라 그러므로 이러한 말로 서로 위로하라"(살전 4:16-18)

5. 예수님은 승천 후 하나님 우편에 계신다.

"그의 능력이 그리스도 안에서 역사하사 죽은 자들 가운데서 다시 살리시고 하늘에서 자기의 오른편에 앉히사"(엡 1:20)

6. 예수 믿는 모든 성도는 부활 승천하신 예수님과 같이 천국에서 하나님과 함께 영생복락을 누리게 된다.

5장 예수 그리스도의 재림

예수 그리스도의 재림을 믿는가! 예수 그리스도의 재림은 예수 그리스도가 육체로 지상에 돌아오시는 것을 말한다. 신약성경에 예수 그리스도의 재림이 약 300회 언급되어 있다.

예수께서 승천하실 때 천사는 예수님이 다시 오신다고 하였다.

"오직 성령이 너희에게 임하시면 너희가 권능을 받고 예루살렘과 온 유대와 사마리아와 땅 끝까지 이르러 내 증인이 되리라 하시니라 이 말씀을 마치시고 그들이 보는데 올려져 가시니 구름이 그를 가리어 보이지 않게 하더라 올라가실 때에 제자들이 자세히 하늘을 쳐다보고 있는데 흰 옷 입은 두 사람이 그들 곁에 서서 이르되 갈릴리 사람들아 어찌하여 서서 하늘을 쳐다보느냐 너희 가운데서 하늘로 올려지신 이 예수는 하늘로 가심을 본 그대로 오시리라 하였느니라"(행 1:8-11)

1. 예수님은 그의 약속대로 반드시 다시 오신다.

"너희는 마음에 근심하지 말라 하나님을 믿으니 또 나를 믿으라 내 아버지 집에 거할 곳이 많도다 그렇지 않으면 너희에게 일렀으리라 내가 너희를 위하여 거처를 예비하러 가노니 가서 너희를 위하여 거처를 예비하면 내가 다시 와서 너희를 내게로 영접하여 나 있는 곳에 너희도 있게 하리라"(요 14:1-3)

2. 스가랴 선지자는 예수 재림을 예언하였다.

"그 날에 그의 발이 예루살렘 앞 곧 동쪽 감람 산에 서실 것이요 감람 산은 그 한 가운데가 동서로 갈라져 매우 큰 골짜기가 되어서 산 절반은 북으로, 절반은 남으로 옮기고 그 산 골짜기는 아셀까지 이를지라 너희가 그 산 골짜기로 도망하되 유다 왕 웃시야 때에 지진을 피하여 도망하던 것 같이 하리라 나의 하나님 여호와께서 임하실 것이요 모든 거룩한 자들이 주와 함께 하리라"(슥 14:4-5)

3. 예수님의 재림과 관련된 많은 말씀이 있다.

"예수께서 이르시되 내가 진실로 너희에게 이르노니 세상이 새롭게 되어 인자가 자기 영광의 보좌에 앉을 때에 나를 따르는 너희도 열두 보좌에 앉아 이스라엘 열두 지파를 심판하리라"(마 19:28)

"내가 너희에게 이르노니 이제부터 너희는 찬송하리로다 주의 이름으로 오시는 이여 할 때까지 나를 보지 못하리라 하시니라"(마 23:39)

"이것들을 증언하신 이가 이르시되 내가 진실로 속히 오리라 하시거늘 아멘 주 예수여 오시옵소서"(계 22:20)

4. 예수님의 재림의 시기는 우리가 알 수 없다.

"그러나 그 날과 그 때는 아무도 모르나니 하늘의 천사들도, 아들도 모르고 오직 아버지만 아시느니라"(마 24:36)

5. 예수님의 재림은 우리가 생각하지 않은 때에 이루어진다.

"이러므로 너희도 준비하고 있으라 생각하지 않은 때에 인자가 오리라"(마 24:44)

주님은 도적과 같이, 홀연히, 생각하지 않는 때에 반드시 오신다.

6. 주님 오실 때 재림 나팔소리를 듣게 될 것이다.

"주께서 호령과 천사장의 소리와 하나님의 나팔 소리로 친히 하늘로부터 강림하시리니 그리스도 안에서 죽은 자들이 먼저 일어나고 그 후에 우리 살아 남은 자들도 그들과 함께 구름 속으로 끌어 올려 공중에서 주를 영접하게 하시리니 그리하여 우리가 항상 주와 함께 있으리라 그러므로 이러한 말로 서로 위로하라"(살전 4:16-18)

7. 예수님이 재림하시면 놀라운 일들이 일어나게 된다.

주안에서 자는 자들이 먼저 일어난다. 주안에서 자는 자들이 썩지 아니할 몸으로 다시 살아난다. 예수님이 재림하시면 살아 있는 성도도 예수님과 같은 몸으로 변화된다.

"보라 내가 너희에게 비밀을 말하노니 우리가 다 잠 잘 것이 아니요 마지막 나팔에 순식간에 홀연히 다 변화되리니 나팔 소리가 나매 죽은 자들이 썩지 아니할 것으로 다시 살아나고 우리도 변화되리라 이 썩을 것이 반드시 썩지 아니할 것을 입겠고 이 죽을 것이 죽지 아니함을 입으리로다 이 썩을 것이 썩지 아니함을 입고 이 죽을 것이 죽지 아니함을 입을 때에는 사망을 삼키고 이기리라고 기록된 말씀이 이루어지리라"(고전 15:51-54)

8. 예수님 재림하실 시기에 여러 가지 징조들이 나타난다.

"너는 이것을 알라 말세에 고통하는 때가 이르러 사람들이 자기를 사랑하며 돈을 사랑하며 자랑하며 교만하며 비방하며 부모를 거역하며 감사하지 아니하며 거룩하지 아니하며 무정하며 원통함을 풀지 아니하며 모함하며 절제하지 못하며 사나우며 선한 것을 좋아하지 아니하며 배신

하며 조급하며 자만하며 쾌락을 사랑하기를 하나님 사랑하는 것보다 더하며 경건의 모양은 있으나 경건의 능력은 부인하니 이같은 자들에게서 네가 돌아서라"(딤후 3:1-5)

9. 예수님 재림하실 때가 되면 거짓 선지자가 일어나 많은 사람을 미혹하고 불법이 성하고 많은 사람의 사랑이 식어진다.

"거짓 선지자가 많이 일어나 많은 사람을 미혹하겠으며 불법이 성하므로 많은 사람의 사랑이 식어지리라"(마24:11-12)

10. 예수님의 재림은 여러 번 예수님 자신이 말씀하셨다.

"인자가 자기 영광으로 모든 천사와 함께 올 때에 자기 영광의 보좌에 앉으리니"(마 25:31)

11. 복음이 온 세상에 전파되면 그때 예수님이 다시 오신다.

"이 천국 복음이 모든 민족에게 증언되기 위하여 온 세상에 전파되리니 그제야 끝이 오리라"(마 24:14)

12. 바울은 예수님의 재림을 대비하여 어떻게 살아야 할지를 말했다.

"우리 주 예수 그리스도께서 나타나실 때까지 흠도 없고 책망 받을 것도 없이 이 명령을 지키라"(딤전 6:14)

13. 예수님이 재림하시면 주께서 성도들에게 영광을 받으시게 된다.

"그 날에 그가 강림하사 그의 성도들에게서 영광을 받으시고 모든 믿는 자들에게서 놀랍게 여김을 얻으시리니 이는 (우리의 증거가 너희에게 믿어졌음이라)"(살후 1:10)

14. 예수님이 재림하시면 우리의 낮은 몸이 주님의 영광스런 몸과 같이 변화된다.

"그러나 우리의 시민권은 하늘에 있는지라 거기로부터 구원하는 자 곧 주 예수 그리스도를 기다리노니 그는 만물을 자기에게 복종하게 하실 수 있는 자의 역사로 우리의 낮은 몸을 자기 영광의 몸의 형체와 같이 변하게 하시리라"(빌 3:20-21)

15. 예수님이 오실 때가 가까워지면 사람들은 노아와 롯의 때와 같이 살아간다.

"노아의 때와 같이 인자의 임함도 그러하리라 홍수 전에 노아가 방주에 들어가던 날까지 사람들이 먹고 마시고 장가 들고 시집 가고 있으면서 홍수가 나서 그들을 다 멸하기까지 깨닫지 못하였으니 인자의 임함도 이와 같으리라 그 때에 두 사람이 밭에 있으매 한 사람은 데려가고 한 사람은 버려둠을 당할 것이요 두 여자가 맷돌질을 하고 있으매 한 사람은 데려가고 한 사람은 버려둠을 당할 것이니라 그러므로 깨어 있으라 어느 날에 너희 주가 임할는지 너희가 알지 못함이니라 너희도 아는 바니 만일 집 주인이 도둑이 어느 시각에 올 줄을 알았더라면 깨어 있어 그 집을 뚫지 못하게 하였으리라 이러므로 너희도 준비하고 있으라 생각하

지 않은 때에 인자가 오리라"(마 24:37-44)

16. 예수님이 재림하시면 우리 모두가 주님 앞에 서게 된다.

"네가 어찌하여 네 형제를 비판하느냐 어찌하여 네 형제를 업신여기느냐 우리가 다 하나님의 심판대 앞에 서리라 기록되었으되 주께서 이르시되 내가 살았노니 모든 무릎이 내게 꿇을 것이요 모든 혀가 하나님께 자백하리라 하였느니라 이러므로 우리 각 사람이 자기 일을 하나님께 직고하리라"(롬 14:10-12)

그때 각 사람이 행한 대로 심판을 받게 된다.

"만일 누구든지 금이나 은이나 보석이나 나무나 풀이나 짚으로 이 터 위에 세우면 각 사람의 공적이 나타날 터인데 그 날이 공적을 밝히리니 이는 불로 나타내고 그 불이 각 사람의 공적이 어떠한 것을 시험할 것임이라 만일 누구든지 그 위에 세운 공적이 그대로 있으면 상을 받고 누구든지 그 공적이 불타면 해를 받으리니 그러나 자신은 구원을 받되 불 가운데서 받은 것 같으리라"(고전 3:12-15)

17. 예수님이 재림하시면 모든 것들이 들어난다.

그러므로 우리는 예수님을 만날 준비를 잘해야 한다. 그리고 경건하게 살아야 한다.

"이제 하늘과 땅은 그 동일한 말씀으로 불사르기 위하여 보호하신 바 되어 경건하지 아니한 사람들의 심판과 멸망의 날까지 보존하여 두신 것이니라, 이 모든 것이 이렇게 풀어지리니 너희가 어떠한 사람이 되어야 마땅하냐 거룩한 행실과 경건함으로 하나님의 날이 임하기를 바라보고 간절히 사모하라 그 날에 하늘이 불에 타서 풀어지고 물질이 뜨거운 불에 녹아지려니와 우리는 그의 약속대로 의가 있는 곳인 새 하늘과 새 땅을 바라보도다 그러므로 사랑하는 자들아 너희가 이것을 바라보나니 주 앞에서 점도 없고 흠도 없이 평강 가운데서 나타나기를 힘쓰라"(벧후 3:7, 11-14)

18. 만물의 마지막이 가까운 이때 정신을 차리고 기도에 깨어 있어야 한다.

"만물의 마지막이 가까이 왔으니 그러므로 너희는 정신을 차리고 근신하여 기도하라"(벧전 4:7)

19. 주님 앞에 당당히 설 수 있도록 주님을 만날 준비를 잘하라.

"평강의 하나님이 친히 너희를 온전히 거룩하게 하시고 또 너희의 온 영과 혼과 몸이 우리 주 예수 그리스도께서 강림하실 때에 흠 없게 보전되기를 원하노라"(살전 5:23)

20. 예수님이 재림하시면 어두움에 감춘 것들이 다 드러난다.

"그러므로 때가 이르기 전 곧 주께서 오시기까지 아무 것도 판단하지 말라 그가 어둠에 감추인 것들을 드러내고 마음의 뜻을 나타내시리니 그 때에 각 사람에게 하나님으로부터 칭찬이 있으리라"(고전 4:5)

21. 예수님 재림하실 날을 고대하면서 항상 기도하고 깨어 있어야 한다.

"너희는 스스로 조심하라 그렇지 않으면 방탕함과 술취함과 생활의 염려로 마음이 둔하여지고 뜻밖에 그 날이 덫과 같이 너희에게 임하리라 이 날은 온 지구상에 거하는 모든 사람에게 임하리라 이러므로 너희는 장차 올 이 모든 일을 능히 피하고 인자 앞에 서도록 항상 기도하며 깨어 있으라 하시니라"(눅 21:34-36)